古典文獻研究輯刊

三四編

潘美月・杜潔祥 主編

第4冊

21世紀遼金史論著目錄（2016～2020年）（下）

周 峰 著

國家圖書館出版品預行編目資料

21 世紀遼金史論著目錄（2016～2020 年）（下）／周峰 著 --
初版 -- 新北市：花木蘭文化事業有限公司，2022〔民 111〕
目 4+162 面；19×26 公分
（古典文獻研究輯刊 三四編；第 4 冊）
ISBN 978-986-518-859-7（精裝）
1.CST：遼史 2.CST：金史 3.CST：專科目錄
011.08　　　110022680

古典文獻研究輯刊
三四編　第 四 冊　　ISBN：978-986-518-859-7

21 世紀遼金史論著目錄（2016～2020 年）（下）

作　　者　周　峰
主　　編　潘美月、杜潔祥
總 編 輯　杜潔祥
副總編輯　楊嘉樂
編輯主任　許郁翎
編　　輯　張雅淋、潘玟靜、劉子瑄　美術編輯　陳逸婷
出　　版　花木蘭文化事業有限公司
發 行 人　高小娟
聯絡地址　235 新北市中和區中安街七二號十三樓
　　　　　電話：02-2923-1455／傳真：02-2923-1452
網　　址　http://www.huamulan.tw 信箱 service@huamulans.com
印　　刷　普羅文化出版廣告事業
初　　版　2022 年 3 月
定　　價　三四編 51 冊（精裝）台幣 130,000 元　

21世紀遼金史論著目錄（2016～2020年）（下）

周峰 著

目次

上 冊

一、專　著 …… 1
（一）哲學、宗教 …… 1
（二）政治、法律 …… 2
（三）軍事 …… 3
（四）經濟 …… 3
（五）民族 …… 3
（六）文化 …… 3
（七）醫學 …… 4
（八）教育 …… 4
（九）語言、文字 …… 4
（十）文學 …… 5
（十一）藝術 …… 7
（十二）歷史 …… 7
（十三）地理 …… 9
（十四）考古文物 …… 9
（十五）人物傳記 …… 11
（十六）論文集 …… 11
（十七）工具書 …… 13
二、總　論 …… 15
（一）研究綜述 …… 15
（二）學術活動 …… 23
（三）學者介紹 …… 28
（四）書評、序、出版信息 …… 37
（五）目錄索引 …… 45
三、史料與文獻 …… 47
（一）《遼史》、《金史》 …… 47
（二）其他史料與文獻 …… 50
四、政　治 …… 53
（一）政治 …… 53
（二）制度 …… 65
（三）對外關係 …… 77
（四）軍事 …… 86

五、經　濟 ……………………………………………91
（一）概論 ……………………………………………91
（二）人口、戶籍與移民……………………………92
（三）賦役 ……………………………………………94
（四）自然災害、救災、生態及環境保護…………94
（五）農牧業 …………………………………………95
（六）手工業 …………………………………………96
（七）貿易、商業 ……………………………………98
（八）貨幣 ……………………………………………98
六、民　族 ……………………………………………101
（一）契丹族 …………………………………………101
（二）女真族 …………………………………………103
（三）渤海 ……………………………………………104
（四）奚族 ……………………………………………105
（五）其他民族和部族………………………………106
（六）民族關係 ………………………………………106
（七）民族政策 ………………………………………107
（八）民族融合 ………………………………………108
七、人　物 ……………………………………………111
（一）帝后 ……………………………………………111
（二）其他人物 ………………………………………115
八、元好問 ……………………………………………121
（一）生平 ……………………………………………121
（二）作品 ……………………………………………124
九、社　會 ……………………………………………131
（一）社會、社會性質、社會階層 …………………131
（二）社會習俗 ………………………………………132
（三）姓氏、婚姻、家庭、家族與宗族……………135
（四）女性 ……………………………………………140
（五）捺缽 ……………………………………………141
（六）衣食住行 ………………………………………144

下 冊

十、文 化 …… 151
（一）概論 …… 151
（二）儒學 …… 154
（三）教育與科舉 …… 155
（四）史學 …… 158
（五）語言文字 …… 159
（六）藝術 …… 166
（七）體育 …… 181
（八）圖書、印刷 …… 182
十一、文 學 …… 185
（一）綜論 …… 185
（二）詩 …… 187
（三）詞 …… 192
（四）散文 …… 195
（五）戲劇 …… 196
（六）文體、詩文集 …… 198
十二、宗 教 …… 199
（一）概論 …… 199
（二）薩滿教 …… 200
（三）佛教 …… 200
（四）道教 …… 207
（五）伊斯蘭教 …… 209
十三、醫 學 …… 211
（一）遼代 …… 211
（二）金代 …… 211
十四、歷史地理 …… 219
（一）概論 …… 219
（二）地方行政建置 …… 219
（三）疆域 …… 222
（四）都城 …… 222

（五）城址 …… 226
（六）長城 …… 230
（七）山川 …… 231
（八）交通 …… 232
十五、考　古 …… 235
（一）綜述 …… 235
（二）帝陵 …… 236
（三）墓葬 …… 239
（四）遺址 …… 249
十六、文　物 …… 261
（一）建築、寺院、佛塔 …… 261
（二）碑刻、墓誌 …… 269
（三）官印、印章 …… 279
（四）銅鏡 …… 281
（五）陶瓷 …… 283
（六）玉器 …… 298
（七）石器、石雕、石棺 …… 301
（八）木器 …… 301
（九）絲綢 …… 302
（十）金屬器物 …… 302
（十一）其他文物 …… 305
（十二）博物館 …… 306
（十三）文物保護 …… 307
參考文獻 …… 311

十、文　化

（一）概論

2379. 試析遼夏金元時期文化發展的價值取向，林麗群，中國民族博覽，2016年第11期。
2380. 遼金元夏時代的文化交流與風俗融合，江濤，人民論壇，2017年第19期。
2381. 論遼金元三代民族文化融合及文學發展、變遷，湯雅成，湖北民族學院碩士學位論文，2017年。
2382. 淺析契丹文化的多元性，路景天、王豔麗，文物鑒定與鑒賞，2020年第7期。
2383. 契丹遼文化中渤海因素的考古學觀察，彭善國、孫暘，邊疆考古研究（第24輯），科學出版社，2018年。
2384. 淺析遼代契丹族文化，姜豔芳，黑河學院學報，2018年第7期。
2385. 契丹民族文化小議，于麗媛，明日風尚，2017年第9期。
2386. 契丹文化的獨特魅力，張立平、呂富華，赤峰日報，2016年10月6日第6版。
2387. 西遼對中華文化在西域傳播的作用，張先革、李朝虹、潘志平，新疆大學學報（哲學・人文社會科學版），2020年第2期。
2388. 略論遼代興中府地域文化多元性，汪妮，赤峰學院學報（漢文哲學社會科學版），2016年第9期。
2389. 朝陽地區遼代社會文化研究，汪妮，渤海大學碩士學位論文，2017年。

2390. 遼寧是遼金文化的心臟，陳琳琳、趙雪，遼寧日報，2018 年 8 月 16 日 T02 版。
2391. 瀋陽地區遼代文化遺存概說，王德朋，蘭臺世界，2018 年第 9 期。
2392. 瀋陽地區遼代文化遺存開發策略研究，王德朋，遼寧經濟，2018 年第 4 期。
2393. 吉林省西部遼金文化景觀綜述，孫立梅，白城師範學院學報，2018 年第 1 期。
2394. 通遼地區遼代文化遺產現狀，李國峰，文物鑒定與鑒賞，2019 年第 14 期。
2395. 大荒雄起——齊齊哈爾遼金歷史文化回眸之一，張守生，青年文學家，2019 年第 1 期。
2396. 無限江山——齊齊哈爾遼金歷史文化回眸之二，張守生，青年文學家，2019 年第 1 期。
2397. 契丹文化旅遊產品線的戰略構建與設想，趙麗麗，赤峰學院學報（自然科學版），2016 年第 19 期。
2398. 將契丹遼文化資源打造成草原文化旅遊的品牌，郭俊樓，內蒙古日報，2016 年 11 月 19 日第 1 版。
2399. 巴林左旗旅遊文化品牌的創建——以大遼文化為例，曹雅潔，現代商貿工業，2016 年第 31 期。
2400. 從旅遊視角考察九十九泉及契丹歷史文化，孟克巴雅爾，中國蒙古學（蒙文），2017 年第 2 期。
2401. 試論多元一體的金代文化，于春雷，赤子，2018 年第 32 期。
2402. 金代文化對多元一體的中華文化的積極促進作用分析，李奕軼，赤子，2018 年第 29 期。
2403. 士志於道——「華夷之辨」與歷史文化認同，李玉君、孔維京，中國邊疆史地研究，2019 年第 2 期。
2404. 金初女真社會文化變遷研究，王萬志、程尼娜，中國邊疆史地研究，2020 年第 4 期。
2405. 四路並行：金代文化發展的趨勢，張儒婷，讀天下，2016 年第 21 期。
2406. 「金源文化」初探，于貴軍、徐豔，知與行，2020 年第 4 期。

2407. 金代遼海地區士人與地域文化的發展，王萬志，宋史研究論叢（第 22 輯），科學出版社，2018 年。

2408. 金代中期文化生態及對漢族士人的影響，王樹茂，赤子（上中旬），2016 年第 3 期。

2409. 金上京城市文化與金初民族文化融合，劉冠纓，滿族研究，2017 年第 1 期。

2410. 大慶地區金代女真文化遺存研究，韓波，大慶社會科學，2017 年第 5 期。

2411. 金朝滅亡後女真文化得到傳承，蔣戎，中國社會科學報，2016 年 10 月 17 日第 4 版。

2412. 金代收藏行為分析，符海朝，王曾瑜先生八秩祝壽文集，科學出版社，2018 年。

2413. 金元鑒藏風氣轉移中的東平士人，段瑩，故宮博物院院刊，2019 年第 12 期。

2414. 淺論遼金時期特定標識的萃取與運用，孫焓烯，遼金歷史與考古（第八輯），科學出版社，2017 年。

2415. 奉國寺遼代特色文化創意產品設計方法與案例研究，沈曉東、奚純、趙兵兵、何蘭，遼寧工業大學學報（社會科學版），2018 年第 4 期。

2416. 基於奉國寺的文化創意產品創新設計研究，李長興、沈曉東、楊帆，大眾文藝，2018 年第 7 期。

2417. 在發現學習模式情境下將契丹文化融入藝術設計課程的教學改革研究，李婧傑，教育教學論壇，2017 年第 47 期。

2418. 文化變遷視野下文化的保護與發展——以雲南施甸縣木榔村契丹文化為例，李顯富，遵義師範學院學報，2018 年第 1 期。

2419. 遼塔文創產品設計開發的「感性策略」，劉兆龍、郜紅合、張巍，瀋陽大學學報（社會科學版），2018 年第 4 期。

2420. 民族文化產業發展淺析——以涇川「完顏村」文化產業發展為例，白嘉莞，世紀橋，2019 年第 4 期。

（二）儒學

2421. 遼西夏金元儒學在北方地區的傳播及影響，姜海軍，華夏文化論壇（第16 輯），吉林文史出版社，2016 年。

2422. 遼代儒學及影響探微，王賀、仁青扎西，北方文學（中旬刊），2017 年第 12 期。

2423. 儒家思想在遼代的傳播及影響研究綜述，李蕊怡，赤峰學院學報（漢文哲學社會科學版），2020 年第 3 期。

2424. 論遼代契丹國儒學傳播中的民族思想，王淑琴，貴州民族研究，2016 年第 2 期。

2425. 金人崇儒之風平議——從取精用弘到知易行難，李貴連，民族論壇，2020 年第 2 期。

2426. 南宋與金、元對峙時期的蘇學與程學盛衰論，江枰，文學遺產，2019 年第 5 期。

2427. 「蘇學盛於北」說再考察，粟品孝，史學集刊，2020 年第 3 期。

2428. 試論金元之際北方儒士的正統觀，曹文瀚，遼金史論集（第十七輯），中國社會科學出版社，2019 年。

2429. 金代春秋學考論，張欣，儒藏論壇（第十一輯），四川大學出版社，2017 年。

2430. 金末儒學性質再辨析，劉成群，安徽大學學報（哲學社會科學版），2018 年第 1 期。

2431. 金人對孟子夏夷民本理念的承續弘揚，狄寶心，陝西師範大學學報（哲學社會科學版），2018 年第 1 期。

2432. 考古視角下儒家孝道禮儀觀探析——以晉南、晉東南金代墓葬磚雕壁畫為例，孫連娣，遼寧教育行政學院學報，2018 年第 4 期。

2433. 金人王若虛的孟子學初探，高俊，焦作大學學報，2018 年第 2 期。

2434. 王若虛的漢宋孟學批評管窺，高俊，蘭州工業學院學報，2018 年第 5 期。

2435. 王若虛的「辨惑」體，王永，光明日報，2018 年 6 月 18 日第 5 版。

2436. 試論金代士人李純甫的三教觀及理學觀，李浩楠，遼金史論集（第十四輯），中國社會科學出版社，2016 年。

2437. 金元時期關學的學術面向，常新，中國哲學史，2018 年第 3 期。

2438. 金代「關學」餘脈考論，張建偉，長安學術（第九輯），高等教育出版社，2016 年。
2439. 姚樞與金元之際的理學，劉志博，唐山文學，2017 年第 2 期。
2440. 金末元初學術轉向背景下王惲的「有用」與「有為」之學，梁建功，河南科技學院學報，2017 年第 3 期。
2441. 金代家訓研究，張顏豔，西北大學碩士學位論文，2017 年。
2442. 試論金代女真族家訓的發展趨勢，張顏豔，北方文學，2016 年第 26 期。
2443. 宋金時期澤州的程子鄉校，何慕，宋史研究論叢（第 19 輯），河北大學出版社，2016 年。

（三）教育與科舉

2444. 儒家思想對遼代教育的影響，張曉燕，內蒙古師範大學碩士學位論文，2017 年。
2445. 淺談契丹族教育發展情況，王豔麗，文物鑒定與鑒賞，2020 年第 7 期。
2446. 文化認同視域下的遼代女性教育研究，張宏，北方文物，2020 年第 5 期。
2447. 遼宋金元時期山西官辦儒學的發展，秦豔，卷宗，2019 年第 34 期。
2448. 遼代佛學教育的社會影響述論，高福順，遼寧工程技術大學學報（社會科學版），2017 年第 1 期。
2449. 遼代佛學教育發達的主要因素考論，高福順，丙申輿地新論——2016 年中國歷史地理學術研討會論文集，東北師範大學出版社，2017 年。
2450. 遼代佛學教育運行機制述論，高福順，契丹學研究（第一輯），商務印書館，2019 年。
2451. 遼代道學教育述論，高福順，黑龍江社會科學，2016 年第 5 期。
2452. 顯州書院：東北歷史上最早的書院，馬阿寧，新閱讀，2019 年第 3 期。
2453. 遼金元科舉制度的創新及其政治文化影響，李兵，湖北大學學報（哲學社會科學版），2020 年第 4 期。
2454. 遼代漢人家族的科舉及教育研究，李朝陽，西北大學碩士學位論文，2019 年。
2455. 論遼的禮部貢院及科舉，楊惠玲，社會科學戰線，2016 年第 11 期。

2456. 「行國」と科挙：遼・金・元における科挙の期日と挙行地について（「政治文化」2017 年度夏期シンポジウム特集），高井康典行，唐代史研究（21），2018 年 8 月。
2457. 遼代殿試考辨，王昕，文史哲，2018 年第 1 期。
2458. 《畿輔通志》遼進士考辨與輯補，王昕，河北師範大學學報（哲學社會科學版），2016 年第 4 期。
2459. 遼代進士群體的政治地位與社會作用，高福順，東北亞研究論叢（九），東北師範大學出版社，2016 年。
2460. 遼代釋褐進士群體的政治地位考述，高福順、郝艾利，遼金歷史與考古（第七輯），遼寧教育出版社，2017 年。
2461. 遼金科舉試賦考述，孫福軒、王士利，廣東第二師範學院學報，2016 年第 1 期。
2462. 金代教育的儒文化觀探析，艾子、陳飛，鄭州師範教育，2019 年第 1 期。
2463. 試論金代的孝親教育，孫淩晨、羅丹丹，長春師範大學學報，2019 年第 5 期。
2464. 論金代女真民族敬老教育的傳承，孫淩晨、羅丹丹，長春教育學院學報，2019 年第 4 期。
2465. 試論金代女真人的民族傳統教育，孫瑩瑩，赤子（上中旬），2016 年第 20 期。
2466. 略論金代的歷史教育，李良玉，廊坊師範學院學報（社會科學版），2018 年第 1 期。
2467. 金元時期河南府文廟興修與地方教育，劉俊玲，河南教育學院學報（哲學社會科學版），2020 年第 4 期。
2468. 金元時期孔顏孟三氏子弟教育考論，張國旺，首都師範大學學報（社會科學版），2019 年第 5 期。
2469. 金元時期郝氏家族教育文化研究，胡偉棟，山西高等學校社會科學學報，2020 年第 10 期。
2470. 宋金時期沂莒地區教育發展研究，王皓妍，西北大學碩士學位論文，2018 年。
2471. 金代女真官學研究：基於從大定到承安年間的考察，叢匯聰，東北師範大學碩士學位論文，2018 年。

2472. 金代的官學教育，都興智，遼金歷史與考古（第八輯），科學出版社，2017 年。
2473. 淺析金代宮廷教育的形式，李昊宸，高考，2017 年第 21 期。
2474. 金代私學教育特點及類型分析，牛瑩，赤子，2018 年第 2 期。
2475. 金朝中葉科舉經義、詞賦之爭與澤潞經學源流，趙宇，史學月刊，2016 年第 4 期。
2476. 論金代科舉的行廢與特點，秦子儀，文學教育，2019 年第 17 期。
2477. 金代漢科舉與漢族教育，蘭婷、宮蘭一，黑龍江民族叢刊，2016 年第 5 期。
2478. 占卜夢兆與「科名前定」觀念——科舉制度下金代文人的社會心態（一），裴興榮、王玉貞，山西大同大學學報（社會科學版），2017 年第 3 期。
2479. 陰德果報的功名觀——科舉制度下金代文人的社會心態（二），裴興榮、王玉貞，山西大同大學學報（社會科學版），2017 年第 4 期。
2480. 金代科舉詩詞的史料價值，裴興榮，史志學刊，2017 年第 3 期。
2481. 金朝「龍虎榜」考論，王嶠，黑龍江社會科學，2018 年第 4 期。
2482. 金人《登科記》勾沉，薛瑞兆，學術交流，2018 年第 10 期。
2483. 從女真狀元夾谷中孚看金代策論選舉制度及其文化意義，薛瑞兆，民族文學研究，2019 年第 2 期。
2484. 元代石刻中的金代登科信息，薛瑞兆，內江師範學院學報，2018 年第 1 期。
2485. 金朝進士群體研究，姚雯雯，吉林大學博士學位論文，2020 年。
2486. 金朝進士群體在女真皇族教育中的儒家文化功能，姚雯雯，貴州民族研究，2018 年第 2 期。
2487. 金朝大定年間女真進士科研究，張昊，哈爾濱師範大學碩士學位論文，2019 年。
2488. 金代衛紹王朝進士群體研究，張寶珅，遼寧大學碩士學位論文，2018 年。
2489. 金代衛紹王朝進士輯錄——兼談其在金元文化傳承中的地位，張寶珅，遼金歷史與考古（第十輯），科學出版社，2019 年。
2490. 金代山西進士研究，李林霞，山西大學碩士學位論文，2016 年。

2491. 金代山西地區進士家族研究，郭九靈、李林霞，太原理工大學學報（社會科學版），2016 年第 3 期。
2492. 光緒《畿輔通志・選舉》金進士重誤舉正，王昕、王永斌，石家莊學院學報，2020 年第 5 期。
2493. 以抄襲與造假而編織的一代進士名錄（一）——對李桂芝先生《遼金科舉研究・金朝進士名錄》「比較」的回應，薛瑞兆，內江師範學院學報，2018 年第 7 期。
2494. 以抄襲與造假而編織的一代進士名錄（二）——對李桂芝先生《遼金科舉研究・金朝進士名錄》「比較」的回應，薛瑞兆，內江師範學院學報，2018 年第 9 期。
2495. 以抄襲與造假而編織的一代進士名錄（三）——對李桂芝先生《遼金科舉研究・金朝進士名錄》「比較」的回應，薛瑞兆，內江師範學院學報，2018 年第 11 期。
2496. 一篇草率的金代進士輯補——對沈仁國先生《金明昌進士輯補》的回應，薛瑞兆，內江師範學院學報，2020 年第 11 期。
2497. 宋遼金元時期思想政治教育內容及啟示研究，侯宇，牡丹江師範學院碩士學位論文，2016 年。

（四）史學

2498. 蘇天爵與遼宋金元史編纂，吳鳳霞，內蒙古民族大學學報（社會科學版），2019 年第 6 期。
2499. マンジュ語『金史』の編纂：大金國の記憶とダイチン=グルン〔金・女真の歴史とユーラシア東方；女真（ジュシェン）から滿洲（マンジュ）へ〕，承志，アジア遊學（233），2019 年 4 月。
2500. 遼金少數民族的史學批評及其意義，吳鳳霞，史學集刊，2018 年第 3 期。
2501. 遼金元三朝史學批評的主旨與氣概，吳鳳霞，北方文物，2018 年第 2 期。
2502. 劉祁《歸潛志》史論研究，張寶珅，地域文化研究，2019 年第 1 期。
2503. 《大金國志》的史論及史學價值，馮俊，衡水學院學報，2019 年第 6 期。
2504. 遼金元史官制度研究，于海波，河北師範大學碩士學位論文，2017 年。

2505. 金代修史機構與史注纂輯，牛潤珍、盧鵬程，史學史研究，2017 年第 1 期。

2506. 金代史官考，牛潤珍、高珊，史學史研究，2018 年第 2 期。

（五）語言文字

2507. 遼代的語言狀況，傅林，契丹學研究（第一輯），商務印書館，2019 年。

2508. 遼代漢語與河北方言語音層次的形成，傅林，河北大學學報（哲學社會科學版），2017 年第 4 期。

2509. 從契丹漢字音看漢語北方方言輕聲的產生年代和機制，傅林，隋唐遼宋金元史論叢（第九輯），上海古籍出版社，2019 年。

2510. 遼代漢文石刻職官詞語研究，陳恒汁，西華師範大學碩士學位論文，2019 年。

2511. 宋遼金碑誌文字校讀劄記，何山，出土文獻綜合研究集刊（第 10 輯），巴蜀書社，2020 年。

2512. 詞典學視角下的遼代墓誌詞彙研究，夏定云，現代語文，2019 年第 8 期。

2513. 《龍龕手鏡》異體認同舉正，楊寶忠、王亞彬，古漢語研究，2019 年第 4 期。

2514. 《龍龕手鏡》疑難字例釋，梁春勝，中國文字研究（第 29 輯），上海書店出版社，2019 年。

2515. 《龍龕手鏡》與《廣韻》反切之異同，商豔玲，周口師範學院學報，2017 年第 1 期。

2516. 《龍龕手鏡》「拆」字考，楊寶忠、王亞彬，華夏文化論壇，2020 年第 2 期。

2517. 當代大型字書收錄《龍龕手鏡》疑難字考釋（10 則），楊寶忠、王亞彬，語文研究，2020 年第 2 期。

2518. 《正續一切經音義》引許叔重注《淮南子》幾個問題的探討，唐榕培，酒城教育，2016 年第 4 期。

2519. 《續一切經音義》首卷引《說文》考，周昱妗，青年文學家，2017 年第 23 期。

2520. 再談「耶耶」及其相關問題，郭洪義、毛遠明，中國語文，2016 年第 2 期。
2521. 遼金以來土地契約文書中「畛」之釋義考辨，黑維強，中國文字研究（第二十五輯），上海書店出版社，2017 年。
2522. 從契丹文墓誌看遼代漢語「兒」字的音值，傅林，保定學院學報，2016 年第 1 期。
2523. 「行國」「城國」兼備的契丹與「漢兒言語」，楊春宇，遼金史論集（第十四輯），中國社會科學出版社，2016 年。
2524. 從契丹語借詞看契丹與外族的文化接觸，夏小超，內蒙古大學碩士學位論文，2018 年。
2525. 《遼史・國語解》詞彙與蒙古語讀音相近字對比研究，吉日嘎拉，赤峰學院學報（漢文哲學社會科學版），2018 年第 5 期。
2526. 契丹語の歷史言語學的研究，大竹昌巳，京都大學博士學位論文，2020 年。
2527. 契丹文字的千年迷霧，陳俊達，中華遺產，2018 年第 2 期。
2528. 契丹文字創製的新思考，陶金，華西語文學刊（第 13 輯），四川文藝出版社，2016 年。
2529. 關於契丹製字的一則補注，聶鴻音，遼金史論集（第十五輯），科學出版社，2017 年。
2530. 劉鳳翥：契丹文字是發展遼文化產業的王牌，蓋雲飛，瀋陽日報，2017 年 9 月 29 日 T06 版。
2531. 遼史・契丹言語文字研究の新成果（上），吉本智慧子，立命館文學（653），2017 年 9 月。
2532. 遼史・契丹言語文字研究の新成果（下），吉本智慧子，立命館文學（654），2017 年 10 月。
2533. 《遼史》與《蒙古秘史》音譯詞綴的對比研究，周然然，赤峰學院學報（漢文哲學社會科學版），2019 年第 1 期。
2534. 《遼史》中契丹文書籍問題考釋，孫偉祥，遼金歷史與考古（第七輯），遼寧教育出版社，2017 年。
2535. 契丹語の複數接尾辭について，武內康澤，*Journal of the Linguistic Society of Japan（149）*，2016 年。

2536. 契丹語形容詞の性・數標示體系について，大竹昌巳，京都大學言語學研究（35），2016 年。
2537. 契丹語の數詞について，武內康則，アジア・アフリカ言語文化研究（93），2017 年。
2538. 契丹文所見部族名稱研究，其木格，內蒙古大學碩士學位論文，2020 年。
2539. 關於契丹語若干名詞的解讀，額爾敦巴特爾，內蒙古社會科學，2020 年第 4 期。
2540. 關於若干契丹字的讀音，吉如何，遼金史論集（第十五輯），科學出版社，2017 年。
2541. 契丹文「戌犬」考述——王元鹿教授古稀壽辰生肖詮釋，唐均，華西語文學刊（第 13 輯），四川文藝出版社，2016 年。
2542. 贗品契丹文字墓誌的「死穴」，劉鳳翥，遼金史論集（第十四輯），中國社會科學出版社，2016 年。
2543. 劉鳳翥教授的《契丹文字中的「橫帳」》討論文，李聖揆，契丹學研究（第一輯），商務印書館，2019 年。
2544. 契丹字「春、夏、秋、冬」的釋讀歷程，張少珊，契丹學研究（第一輯），商務印書館，2019 年。
2545. 糺音義新探，蘇航，中國邊疆史地研究，2016 年第 4 期。
2546. 關於幾個契丹大字的擬音，張少珊，北方文物，2018 年第 3 期。
2547. 蕭查剌相公契丹文遺言，吳英喆，內蒙古社會科學（漢文版），2016 年第 2 期。
2548. 阿爾山市白狼鎮石堂契丹大字題記，吳英喆，遼金歷史與考古（第七輯），遼寧教育出版社，2017 年。
2549. 契丹大字《耶律特免郎君墓誌碑》研究，烏仁朝魯門，內蒙古大學碩士學位論文，2016 年。
2550. 契丹大字《耶律祺墓誌銘》研究，玲玲，內蒙古大學碩士學位論文，2018 年。
2551. 新發現契丹大字《留隱太師墓誌銘》研究，其力木爾，內蒙古大學碩士學位論文，2019 年。

2552. 新發現契丹大字《孟父房耶律統軍使墓誌》（殘石）研究，白原銘，內蒙古大學碩士學位論文，2019 年。

2553. 契丹小字文獻における「母音間の g」，大竹昌巳，日本モンゴル學會紀要（46），2016 年。

2554. 契丹小字史料中的「失（室）韋」，吳英喆，契丹學研究（第一輯），商務印書館，2019 年。

2555. 阜新地區出土遼代契丹小字墓誌綜述，劉德剛、劉小紅、石金民，遼金歷史與考古（第九輯），科學出版社，2018 年。

2556. 契丹小字《耶律（韓）迪烈墓誌》劄記——兼談仿刻迪烈墓誌之贋品，康鵬，遼金歷史與考古（第七輯），遼寧教育出版社，2017 年。

2557. 契丹小字《耶律玦墓誌銘》為贋品，張少珊，國學研究（第 43 卷），北京大學出版社，2020 年。

2558. 論札忽惕與契丹小字[illegible]，蘇航，民族語文，2017 年第 2 期。

2559. 「札兀惕・忽里」的契丹文還原，唐均，語言學研究（第二十三輯），高等教育出版社，2017 年。

2560. 大安出土的契丹小字銅鏡介紹，劉鳳翥，遼金史論集（第十六輯），黑龍江人民出版社，2017 年。

2561. 宋金對峙時期南北方言詞語差異管窺，張海媚，漢語史學報（第十七輯），上海教育出版社，2017 年。

2562. 從金代石刻文獻看《漢語大詞典》例證之疏失，顧若言、周阿根，漢字文化，2019 年第 5 期。

2563. 《三朝北盟會編》軍事語詞訓詁三例，楊宗育，文化產業，2020 年第 23 期。

2564. 《金史》常用詞語研究，曹運波，華中師範大學碩士學位論文，2017 年。

2565. 《董解元西廂記》的語言時代補證，張海媚，河南理工大學學報（社會科學版），2018 年第 1 期。

2566. 《儒門事親》詞彙研究，郭淳，雲南師範大學碩士學位論文，2018 年。

2567. 全金文韻，劉雲憬，寧夏大學學報（人文社會科學版），2016 年第 3 期。

2568. 金代北曲用韻與《中原音韻》，劉雲憬，寧夏大學學報（人文社會科學版），2017 年第 3 期。

2569. 從特殊韻腳字看金代語音的演變，劉雲憬，寧夏大學學報（人文社會科學版），2020 年第 4 期。
2570. 金代河北籍學者編纂的字書和韻書，張社列，宋史研究論叢（第 18 輯），河北大學出版社，2016 年。
2571. 金代字書研究概況（進藤雄三教授 関茂樹教授 冢田孝教授退任記念），大岩本幸次，人文研究：大阪市立大學大學院文學研究科紀要（71），2020 年。
2572. 談《新修玉篇》中的標調注音，趙曉慶、郝茂，辭書研究，2016 年第 6 期。
2573. 金代《新修玉篇》注音例釋，趙曉慶、張民權，民俗典籍文字研究（第十七輯），商務印書館，2016 年。
2574. 《新修玉篇》俗字考，熊加全，中國文字研究（第二十四輯），上海書店出版社，2016 年。
2575. 《新修玉篇》首音研究——兼論《新修玉篇》的底本《玉篇》問題，趙曉慶，勵耘語言學刊（總第二十五輯），學苑出版社，2016 年。
2576. 《新修玉篇》釋義失誤辨正，熊加全，中南大學學報（社會科學版），2016 年第 6 期。
2577. 《新修玉篇》疑難字考，熊加全，古籍研究，2017 年第 1 期。
2578. 《新修玉篇》疑難字例釋，熊加全，漢語史研究集刊（第二十二輯），四川大學出版社，2017 年。
2579. 《新修玉篇》「《韻》又」探究，趙曉慶、張民權，漢語史研究集刊（第二十二輯），四川大學出版社，2017 年。
2580. 《新修玉篇》引《切韻》考，趙曉慶，歷史語言學研究（第十一輯），商務印書館，2017 年。
2581. 《新修玉篇》引《廣集韻》價值述論，趙曉慶，中國典籍與文化，2017 年第 2 期。
2582. 《新修玉篇》疑難字考釋五則，馬乾，國學學刊，2019 年第 4 期。
2583. 《新修玉篇》未編碼異寫字考辨研究，程銀燕，渤海大學碩士學位論文，2019 年。
2584. 《新修玉篇》疑難字考證——兼論疑難字考釋對於古代漢語教學的作用，熊加全，安慶師範大學學報（社會科學版），2020 年第 6 期。

2585. 《新修玉篇》疑難字札考，熊加全，漢語史學報（第二十三輯），上海教育出版社，2020 年。
2586. 《新修玉篇》引《省韻》研究，趙曉慶，北京社會科學，2020 年第 12 期。
2587. 《四聲篇海》引「俗字背篇」研究，朱曉琳，湖北大學碩士學位論文，2016 年。
2588. 從《四聲篇海》引「俗字背篇」看俗字產生的方式，朱曉琳，語文學刊，2016 年第 4 期。
2589. 《四聲篇海》引《類篇》研究，鄧國豔，湖南師範大學碩士學位論文，2016 年。
2590. 泰和本《篇海》（卷二至卷三）與明刻本對比研究，王亞彬，河北大學碩士學位論文，2017 年。
2591. 泰和本《篇海》（五、六卷）與明刻諸本對比研究，李哲，河北大學碩士學位論文，2017 年。
2592. 泰和本《篇海》（八、九卷）與明刻本對比研究，呂亞斯，河北大學碩士學位論文，2017 年。
2593. 金代韻書《廣集韻》考略，王麗豔、趙曉慶，語文研究，2017 年第 1 期。
2594. 金代韻書《廣集韻》與《五音集韻》關係探究，趙曉慶，古漢語研究，2017 年第 3 期。
2595. 《五音集韻》引《廣韻》《集韻》異文所見之金代若干語音現象，張義，語言研究，2016 年第 2 期。
2596. 《五音集韻》與《廣韻》《集韻》釋義比較研究，石濛濛，湖南師範大學碩士學位論文，2016 年。
2597. 從《五音集韻》新增字語音折合失誤看金代口語語音現象，張義，淮北師範大學學報（哲學社會科學版），2019 年第 1 期。
2598. 《改並五音集韻》異寫字整理及研究——以《十齊》為例，董倩，遼東學院學報（社會科學版），2019 年第 2 期。
2599. 女真語と女真文字（金・女真の歴史とユーラシア東方；金代の社會・文化・言語），吉池孝一，アジア遊學（233），2019 年 4 月。
2600. 女真館訳語（金・女真の歴史とユーラシア東方；金代の社會・文化・言語），更科慎一，アジア遊學（233），2019 年 4 月。

2601. 『華夷訳語』の音訳法の諸問題:『女真館訳語』を中心に，更科慎一，山口大學文學會誌（69），2019 年。
2602. 論女真語雙唇音的唇齒化現象，劉宇，滿語研究，2019 年第 2 期。
2603. 金代女真語文與現代滿語文的比較，張慶威、張文馨，河北民族師範學院學報，2017 年第 1 期。
2604. 女真小字初探，李蓋提著，聶鴻音譯，滿語研究，2019 年第 1 期。
2605. 存世女真文性質再探，孫伯君，滿語研究，2019 年第 1 期。
2606. 女真文興衰及碑刻整理，綦岩，中國社會科學報，2020 年 7 月 13 日第 5 版。
2607. 黑龍江省寧安市出土女真文殘碑考釋，刁麗偉、趙哲夫，北方文物，2016 年第 1 期。
2608. 永寧寺記碑的女真碑文——兼談明代女真語與滿語的關係，綦岩，北方文物，2016 年第 1 期。
2609. 從《大金得勝陀頌碑》看女真人的翻譯理念和策略，唐均，民族翻譯，2020 年第 1 期。
2610. 《永寧寺記》女真文碑文——兼談明代女真語與滿語的關係，綦岩，遼金史論集（第十六輯），黑龍江人民出版社，2017 年。
2611. 神木縣花石崖女真文題刻考釋，孫伯君，中央民族大學學報（哲學社會科學版），2018 年第 6 期。
2612. 內亞草原帝國城市緣起的多個層次——基於女真文所記相關術語的源流爬梳，唐均，文化體驗：城市、公民與歷史（《都市文化研究》第 16 輯），上海三聯書店，2017 年。
2613. 女真文——脫胎於契丹字和漢字而自成一格，金適，遼金歷史與考古（第八輯），科學出版社，2017 年。
2614. 女真大字「勸學碑」文字考——金適，西夏學輯刊（第一輯），寧夏人民出版社，2017 年。
2615. 女真文「契丹」考，唐均，遼金歷史與考古（第七輯），遼寧教育出版社，2017 年。

（六）藝術

2616. 佛教改變了什麼——來自五代宋遼金墓葬美術的觀察，李清泉，古代墓葬美術研究（第四輯），湖南美術出版社，2017 年。
2617. 金代佛教藝術論綱，王德朋，遼金歷史與考古（第九輯），科學出版社，2018 年。
2618. 遼代美術史研究與草原絲綢之路，張鵬，文匯報，2016 年 8 月 26 日 T16 版。
2619. 金朝黑龍江美術人物造型研究，蔣博，美術教育研究，2017 年第 24 期。
2620. 金代女真功臣墓葬藝術研究——以烏古論窩論家族墓葬為中心，張鵬，美術研究，2018 年第 5 期。
2621. 遼代書法人物考，莊茹庭，（臺灣）華岡史學（第 5 期），2017 年 12 月。
2622. 遼慶陵哀冊書法評述，黃緯中，（臺灣）實踐博雅學報（第 23 卷），2016 年。
2623. 錦州地區出土的部分遼代墓誌書法研究，孔令穎，青年文學家，2016 年第 3 期。
2624. 義縣出土的遼代墓誌書法研究，孔令穎，藝術品鑒，2016 年第 10 期。
2625. 遼《耶律仁先墓誌》漢字志文書法研究，王竹林，美與時代（中旬刊），2017 年第 3 期。
2626. 金代書法研究，莊策，吉林大學碩士學位論文，2016 年。
2627. 中國金代書法史論，王凱霞，政協之友，2016 增刊 · 金代書法研討會論文集。
2628. 金代書法是中國書法史鏈中不可短缺的環節，王凱霞，政協之友，2016 增刊 · 金代書法研討會論文集。
2629. 關於金代書法的再認識——以墓誌、墓誌拓片拓本材料為中心，張大鵬，遼金歷史與考古（第十一輯），科學出版社，2020 年。
2630. 法門寺石刻書法述評——以北周、唐宋、金代為中心，悅青，中國書法，2020 年第 4 期。
2631. 由銘石書法看金代書風之嬗變，徐傳法，書法研究，2020 年第 3 期。
2632. 金代楷書研究，洪薇、程渤，東吳學術，2020 年第 5 期。
2633. 抗禮南宋的金代書法，張志和，故宮學刊（總第十六輯），故宮出版社，2016 年。

2634. 從對峙到合流：宋金書法走向元初「復古」的路徑，劉超，吉林藝術學院學報，2019 年第 6 期。

2635. 宋金墓室壁畫中的墨書題記，張凱，中國書法，2019 年第 11 期。

2636. 女真文字的書法藝術，金適，東北史研究，2016 年第 1 期。

2637. 從金國書法家的好尚看金國書風，楊克炎，政協之友，2016 增刊·金代書法研討會論文集。

2638. 「蘇學盛於北」與金代初期書風之關係，徐傳法，書法研究，2017 年第 4 期。

2639. 由《李太白詩卷跋》看蘇軾在金代初期的影響，徐傳法、朱玉芬，書法賞評，2020 年第 3 期。

2640. 從「金」、「清」兩代「書風」看書法的價值，楊平，政協之友，2016 增刊·金代書法研討會論文集。

2641. 淺談金代書法在中國書法發展中的地位，馬秋實，政協之友，2016 增刊·金代書法研討會論文集。

2642. 淺談金代書法藝術地位，許麗澄，政協之友，2016 增刊·金代書法研討會論文集。

2643. 淺談金代書法及其審美特徵，李吉辰，政協之友，2016 增刊·金代書法研討會論文集。

2644. 宋、金書法散論，王惠民，政協之友，2016 增刊·金代書法研討會論文集。

2645. 從文派到書派——金代「國朝文派」文學思潮下的書法審美走向，劉超，書法研究，2018 年第 3 期。

2646. 論金代草書之創新及書家審美觀之衍變，王守民，青海師範大學學報（哲學社會科學版），2017 年第 3 期。

2647. 由金人題跋看金代書法批評的演進，徐傳法，中國書法，2017 年第 22 期。

2648. 金章宗《瘦金書體》書法藝術是金代各民族文化融匯的典範，劉新民，政協之友，2016 增刊·金代書法研討會論文集。

2649. 瘦金體抒情尚義探源，佟為韜，政協之友，2016 增刊·金代書法研討會論文集。

2650. 金代章宗書法及其書畫收藏，王冰，政協之友，2016 增刊·金代書法研討會論文集。
2651. 金人任詢「破體」書考論，徐傳法，書法，2020 年第 11 期。
2652. 趙秉文書法研究，孟浩霄，河南大學碩士學位論文，2016 年。
2653. 開封繁塔金代題記墨蹟考，宋戰利，文物，2019 年第 5 期。
2654. 趙秉文書法觀念的守成性及其成因，徐傳法，中國書法，2017 年第 8 期。
2655. 黨懷英書法風格試論，范瑞波，明日風尚，2017 年第 16 期。
2656. 論王庭筠《幽竹枯槎圖》中的書法藝術，尹木子，藝術品鑒，2019 年第 3X 期。
2657. 王庭筠行書墨蹟研究——從《李山畫風雪杉松圖卷跋》《題幽竹枯槎圖卷》《跋米芾〈研山銘〉》來談，王豐華，政協之友，2016 增刊·金代書法研討會論文集。
2658. 金代曹道士碑勘誤及其書法研究，李克民，政協之友，2016 增刊·金代書法研討會論文集。
2659. 論金代墓誌書體、書風及其演變，王守民，中國書法，2018 年第 4 期。
2660. 金代《呂君墓表》及其書法價值，王凱霞，政協之友，2016 增刊·金代書法研討會論文集。
2661. 金代銘文銅鏡書法文化研究，王凱霞，政協之友，2016 增刊·金代書法研討會論文集。
2662. 金代錢幣書法藝術研究，王凱霞，政協之友，2016 增刊·金代書法研討會論文集。
2663. 金代女兒城都提控所鑄印賞析，楊中宇，政協之友，2016 增刊·金代書法研討會論文集。
2664. 金代官印形制及文字風格審美探析，王宏昌，政協之友，2016 增刊·金代書法研討會論文集。
2665. 談遼金元時期對印章藝術發展的貢獻，王雲山，大眾書法，2017 年第 6 期。
2666. 金代詠書法詩解析，王凱霞，政協之友，2016 增刊·金代書法研討會論文集。
2667. 宋遼時期民間畫師的際遇——以壁畫中的「叉手」禮為中心，鄭承燕，內蒙古藝術學院學報，2018 年第 4 期。

2668. 遼代繪畫元素引入插畫設計探究，晏佳琦，陝西師範大學碩士學位論文，2018 年。

2669. 淺析遼金繪畫藝術的造型語言，劉茂松，美術教育研究，2017 年第 12 期。

2670. 試析遼金番騎畫在情節性表現上對漢文化的吸收與變異，劉寧，絲綢之路，2016 年第 2 期。

2671. 論番族畫風的藝術流變與文化特徵，陳曉偉，西北民族論叢（第十四輯），社會科學出版社，2016 年。

2672. 古代游牧民族繪畫對中國畫的貢獻——以契丹遼文化為例論述，王春豔、付軍，美與時代（中旬刊），2016 年第 9 期。

2673. 遼代「北方草原畫派」的文化與壁畫藝術，韓曉瑩，中國文藝家，2020 年第 2 期。

2674. 1200 年前後的中國北方山水畫——兼論其與金代士人文化之互動，石守謙，浙江大學藝術與考古研究（特輯一·宋畫國際學術會議論文集），浙江大學出版社，2017 年。

2675. 北方草原畫派「鞍馬」題材之當代市場探微，樊克雅，藝術市場，2020 年第 7 期。

2676. 金代鞍馬畫藝術與審美演變，呂敏，藝術教育，2017 年第 2 期。

2677. 神農嘗百草 應縣出真蹟 山西應縣驚現《神農採藥圖》，殷柱山，文化產業，2020 年第 13 期。

2678. 《東丹王出行圖》作者考，魏聰聰、丘新巧，中國美術研究（第 18 輯），東南大學出版社，2016 年。

2679. 《東丹王出行圖》中誰是東丹王？王玉亭、劉憲楨，大眾考古，2016 年第 12 期。

2680. 詩啟意，畫具形：《東丹王出行圖》悲劇情結的圖式解讀，王忠林、朱小林，藝術學界，2019 年第 1 期。

2681. 「平生心事野雲知」——《東丹王出行圖》題跋考，魏聰聰，考古學研究（十一），科學出版社，2020 年。

2682. 《丹楓呦鹿圖》的藝術特點解析及啟示，張未雨，南京藝術學院碩士學位論文，2020 年。

2683. 丹黃掩映 金葉婆娑——對《丹楓呦鹿圖》的解讀，劉金霞，美術教育研究，2020 年第 10 期。
2684. 寫實性與裝飾性並存——遼《竹雀雙兔圖》賞析，雨竹，老年教育（書畫藝術），2016 年第 9 期。
2685. 葉茂臺遼墓中《深山會棋圖》的風格、意義及功能探析——以景中人為中心，劉樂樂，南京藝術學院學報（美術與設計），2016 年第 1 期。
2686. 淺析五代、宋遼時期獨幅雕版佛畫的意義，張曉東，藝術教育，2016 年第 8 期。
2687. 版畫《隨朝窈窕呈傾國之芳容》研究，張桐源，西安美術學院博士學位論文，2019 年。
2688. 斷篇與序章——金代山水畫研究，白家峰，中國美術學院碩士學位論文，2018 年。
2689. 《石勒聽講圖》斷代考，羅海英、林鋭、吳訓信，美術學報，2017 年第 4 期。
2690. 宋金敘事性繪畫淺析：以文姬歸漢和昭君出塞為例，李振西，中國藝術研究院碩士學位論文，2018 年。
2691. 三幅《文姬歸漢圖》，慧繪，文史雜誌，2016 年第 1 期。
2692. 王庭筠「墨竹」題材繪畫創作思想考述，方弘毅，美與時代（中），2016 年第 4 期。
2693. 遼宋時期的皇室趣味對壁畫及建築彩畫發展的影響，高同欣、白鑫，文教資料，2016 年第 5 期。
2694. 淺議薊縣獨樂寺觀音閣壁畫藝術特點，高樹影，中國民族博覽，2020 年第 8 期。
2695. 遼寧義縣奉國寺壁畫保存狀態勘察與製作工藝分析，周鵬程，西北大學碩士學位論文，2018 年。
2696. 應縣佛宮寺釋迦塔人物畫像研究，羅小雪，山西大學碩士學位論文，2019 年。
2697. 山西覺山寺舍利塔壁畫研究，劉曉婷，內蒙古大學碩士學位論文，2018 年。
2698. 靈丘覺山寺舍利塔壁畫，楊俊芳，山西大同大學學報（社會科學版），2019 年第 1 期。

2699. 契丹人的文藝範兒，君懿，百科知識，2020 年第 23 期。
2700. 宋遼金時期壁畫墓及孝行圖分布所見文化差異，孫帥傑，地域文化研究，2020 年第 5 期。
2701. 宋遼金行孝圖中的社會性別觀分析——以閔子騫與丁蘭行孝圖為中心，程郁，都市文化研究（文化記憶和城市生活），上海三聯書店，2020 年。
2702. 宋遼金墓室壁畫的發展階段，汪小洋，藝苑，2016 年第 6 期。
2703. 遼代佛教與墓室壁畫藝術研究，王興也，瀋陽師範大學碩士學位論文，2016 年。
2704. 遼代佛教與墓室壁畫藝術研究，洪惠，東方收藏，2020 年第 21 期。
2705. 淺析遼代壁畫反映的契丹社會生活，郝柏林，文物鑒定與鑒賞，2020 年第 18 期。
2706. 生活化的遼墓壁畫研究，王文鑫，西安美術學院碩士學位論文，2016 年。
2707. 行至黑山：遼墓出行圖終點考，李慧，美術學報，2020 年第 3 期。
2708. 遼墓壁畫中的西域文化，張星瀚、潘曉暾，大眾考古，2020 年第 8 期。
2709. 遼金元時期的春水秋山圖研究，張春旭、萬雄飛，藝術工作，2016 年第 2 期。
2710. 千年遼墓壁畫裏隱藏的「一國兩制」，路衛兵，文史天地，2016 年第 11 期。
2711. 契丹族墓室壁畫中的儒家文化研究，李彩英、高永利，貴州民族研究，2018 年第 4 期。
2712. 遼代內蒙古草原題材墓葬壁畫研究，聶定，赤峰學院學報（漢文哲學社會科學版），2017 年第 11 期。
2713. 淺析遼代墓室壁畫與契丹文化，劉麗娜，文物鑒定與鑒賞，2018 年第 8 期。
2714. 古代北方契丹游牧民族壁畫裝飾藝術內涵研究，孟春榮、李熙瑤，藝術與設計（理論），2018 年第 7 期。
2715. 遼代墓葬壁畫藝術中的弋獵圖像研究，史前龍，內蒙古師範大學碩士學位論文，2019 年。
2716. 遼代壁畫中鷹獵題材研究，史前龍，藝術評鑒，2018 年第 13 期。
2717. 試析遼代墓葬壁畫中的鶴樣，蘭凌航，美與時代（中），2020 年第 5 期。

2718. 宋詩詞與遼壁畫中商業廣告的考證，李婧傑，山西檔案，2017 年第 1 期。
2719. 遼代壁畫仕女造型藝術在創意平臺玩具中的運用，陳梅、呂富華，赤峰學院學報（漢文哲學社會科學版），2017 年第 2 期。
2720. 研究遼代墓室人物畫的情節性與故事性，郤博英，中央美術學院碩士學位論文，2017 年。
2721. 遼代墓室人物壁畫美術的主題研究，吳思佳，貴州民族研究，2019 年第 4 期。
2722. 遼墓壁畫展陳及相關問題研究，張穎，赤峰學院碩士學位論文，2019 年。
2723. 趙勵墓散樂圖與同類壁畫對比研究，金隱村，首都博物館論叢（第 33 輯），北京燕山出版社，2019 年。
2724. 圖式的形成——河北宣化下八里遼代壁畫墓群中一組特殊形象的研究，李孟彧，中央美術學院碩士學位論文，2018 年。
2725. 河北宣化遼墓樂舞壁畫研究，何紅運，西安音樂學院碩士學位論文，2019 年。
2726. 宣化遼墓壁畫題材分布研究，史曉傑、王麗，參花（下），2020 年第 4 期。
2727. 宣化遼墓中的建築彩畫研究，郭冰潔，內蒙古大學碩士學位論文，2020 年。
2728. 宣化下八里遼墓樂舞圖像研究，劉嵬，藝術工作，2019 年第 3 期。
2729. 宣化下八里遼代張匡正墓壁畫·備茶圖，郝建文，當代人，2019 年第 7 期。
2730. 大同地區遼代墓葬壁畫中天象圖新探，李彥頡、張玲，山西大同大學學報（社會科學版），2019 年。
2731. 論關山遼墓壁畫中人物造型的獨特性，孫愷祺，瀋陽師範大學碩士學位論文，2019 年。
2732. 遼代壁畫墓漢人出行圖淺議——以關山 4 號墓為例，張翠敏，遼金歷史與考古（第八輯），科學出版社，2017 年。
2733. 遼墓壁畫牽駝出行圖像研究，魏聰聰，遼金歷史與考古（第十輯），科學出版社，2019 年。
2734. 東北地區遼墓壁畫中的車馬出行圖研究，唐玉婷，東北師範大學碩士學位論文，2017 年。

2735. 朝陽地區遼代墓葬壁畫研究，李丹，山西大學碩士學位論文，2020 年。
2736. 由朝陽出土遼墓壁畫漫談叉手禮，劉志勇，遼寧省博物館館刊（2019），遼海出版社，2019 年。
2737. 內蒙古東部地區近三十年出土遼代墓室壁畫研究，王芳，內蒙古大學碩士學位論文，2020 年。
2738. 內蒙古地區遼墓壁畫中的儀仗圖研究，趙宇，內蒙古師範大學碩士學位論文，2020 年。
2739. 蕃樣天神的永恆守護——遼上京墓飾門神形象源流探析，馮娟，美術大觀，2020 年第 9 期。
2740. 移動中的牙帳：以四季山水圖為中心再議遼慶東陵壁畫，陸騏，中國美術研究（第 32 輯），上海書畫出版社，2019 年。
2741. 庫倫旗遼墓壁畫賞析，于光輝，文物鑒定與鑒賞，2019 年第 15 期。
2742. 赤峰市博物館館藏遼代壁畫《侍吏圖》鑒賞，張穎，文物鑒定與鑒賞，2019 年第 16 期。
2743. 內蒙古寶山遼壁畫墓《降真圖》考，李慧，大眾文藝，2017 年第 15 期。
2744. 內蒙古寶山遼壁畫墓《寄錦圖》人物身份研究，李慧，北方民族考古（第 4 輯），科學出版社，2017 年。
2745. 寶山遼墓壁畫研究——以《寄錦圖》等四幅壁畫為例，李慧，南京師範大學碩士學位論文，2018 年。
2746. 寶山 1 號遼代壁畫墓再議，韋正，文物，2017 年第 11 期。
2747. 遼代契丹人墓葬壁畫的「啟門圖」探析——以寶山 1 號遼墓為例，葛華廷，北方文物，2018 年第 3 期。
2748. 寶山遼墓壁畫中的卷雲火焰寶珠紋研究，周沃輝，赤峰學院學報（漢文哲學社會科學版），2020 年第 6 期。
2749. 論寶山遼墓壁畫的色彩觀，劉倩、張春新，美與時代（中），2020 年第 11 期。
2750. 現存金代壁畫藝術風格研究，王豔，美術教育研究，2017 年第 3 期。
2751. 現存金代壁畫藝術風格研究，洪寶，文藝生活（中旬刊），2019 年第 11 期。
2752. 岩山寺壁畫的藝術鑒賞價值，盧沛，才智，2017 年第 27 期。
2753. 岩山寺壁畫圖像溯源，高魯燕，太原理工大學碩士學位論文，2018 年。

2754. 壁畫視角下宋金時期的社會初探——以山西岩山寺壁畫為例，王軍雷，文物世界，2019 年第 2 期。
2755. 岩山寺壁畫的世俗化轉型成因初探，董虹霞、王舒，五臺山研究，2016 年第 4 期。
2756. 山西金代寺廟壁畫與彩塑研究——以崇福寺彌陀殿、岩山寺文殊殿為中心，池波，內蒙古大學碩士學位論文，2018 年。
2757. 岩山寺文殊殿佛傳壁畫研究，龍淼淼，南京藝術學院碩士學位論文，2020 年。
2758. 岩山寺文殊殿壁畫中的建築語言，馬鑫，中央美術學院碩士學位論文，2016 年。
2759. 岩山寺壁畫中的山水元素研究，王元芳，藝術與設計（理論），2020 年 12 月。
2760. 岩山寺文殊殿壁畫配景山水研究，高媛，湖北美術學院碩士學位論文，2018 年。
2761. 論岩山寺文殊殿壁畫山水的藝術特徵與成因，高媛，藝術與設計（理論），2019 年第 9 期。
2762. 岩山寺文殊殿西壁壁畫整體布局研究，李秉婧，五臺山研究，2019 年第 2 期。
2763. 關於岩山寺文殊殿西壁壁畫的探究，田亦陽，美與時代（中），2020 年第 10 期。
2764. 繁峙岩山寺文殊殿西壁佛傳圖的再探討，李小斌，宗教研究（2016 秋），宗教文化出版社，2016 年。
2765. 岩山寺文殊殿西壁壁畫的空間營造與表達，李玉福，美術觀察，2016 年第 12 期。
2766. 岩山寺文殊殿東壁鬼子母經變研究，謝津，山西大學碩士學位論文，2020 年。
2767. 政治的隱喻：岩山寺金代鬼子母經變（下），李翎，吐魯番學研究，2016 年第 1 期。
2768. 岩山寺壁畫燃燈佛授記圖像考，李雅君，美術研究，2017 年第 1 期。
2769. 動畫技術在岩山寺壁畫數字化展示中的運用及研究——以「比武試藝」為例，李思穎，太原理工大學碩士學位論文，2019 年。

2770. 金代墓室壁畫研究，孫帥傑，吉林大學碩士學位論文，2019 年。
2771. 宋金元時期墓葬壁畫中帷幔圖像研究，鄭以墨，北方文物，2020 年第 4 期。
2772. 茶祭圖繪——淺析宋金裝飾墓茶事圖像，夏天，福建茶葉，2020 年第 5 期。
2773. 邊陲的華采：宋金時期西北邊境地區磚室墓的壁面布局和設計，張保卿，考古學研究（十一），科學出版社，2020 年。
2774. 陝西渭南靳尚村金墓雜劇壁畫考辨，延保全、鄧弟蛟，戲劇（中央戲劇學院學報），2019 年第 4 期。
2775. 延安宋金畫像磚題材之研究——兼與晉中南和甘肅清水對比，張文婷，延安大學碩士學位論文，2017 年。
2776. 陝甘寧地區金代磚雕壁畫墓圖像裝飾研究，王成，中央美術學院碩士學位論文，2017 年。
2777. 甘肅地區宋金元代磚雕墓壁畫研究，牛姣，西北師範大學碩士學位論文，2018 年。
2778. 甘肅境內宋金磚雕墓出土畫像磚圖像研究，楊寧，西北師範大學碩士學位論文，2020 年。
2779. 晉北地區金代墓室壁畫圖像研究，聶煒，太原理工大學碩士學位論文，2019 年。
2780. 山西長治地區金代墓室壁畫《二十四孝圖》研究，王鵬粉，華中師範大學碩士學位論文，2019 年。
2781. 壺關上好牢 1 號宋金墓「雜劇演樂圖」壁畫內容考釋，李清泉，文藝研究，2019 年第 12 期。
2782. 黃土原上的地下空間 山西汾西金墓壁畫初識，武俊華，大眾考古，2017 年第 1 期。
2783. 山西繁峙南關村墓葬壁畫藝術研究，胡文英、歷晉春，榮寶齋，2016 年第 2 期。
2784. 山西沁源縣正中村金代磚室墓壁畫摹本考，崔躍忠、安瑞軍，中國國家博物館館刊，2020 年第 8 期。
2785. 陽泉平坦墕金代墓葬壁畫藝術淺析，胡文英，文物世界，2020 年第 4 期。

2786. 山西遼金壁畫的數字化設計與實現，李鵬，北京工業大學碩士學位論文，2016 年。
2787. 規範與沿革：宋、金、元、明寺觀壁畫理法研究，王穎生，中央美術學院博士學位論文，2016 年。
2788. 遼金雕塑的歷史人文價值，李靜云，文化學刊，2017 年第 4 期。
2789. 遼金雕塑的歷史人文價值，賈婷婷，文物鑒定與鑒賞，2019 年第 23 期。
2790. 遼國佛像雕塑的藝術特色和社會影響，馬婷，文史月刊，2016 年第 12 期。
2791. 遼代佛像藝術的藝術風格及特點，路敏、劉松松，輕紡工業與技術，2020 年第 2 期。
2792. 入世與出世的演繹——易縣遼代三彩羅漢像，張敏，藝術品鑒，2020 年第 16 期。
2793. 易縣羅漢及其相關問題新識，楊雅潔，文物鑒定與鑒賞，2020 年第 5 期。
2794. 罕見遼珍「傳世寶」現龍城，張松，今日遼寧，2020 年第 3 期。
2795. 納爾遜·艾金斯藝術博物館藏遼代《水月觀音像》及元代《熾盛光佛佛會圖》考，胡陽，中國美術研究（第 23 輯），東南大學出版社，2017 年。
2796. 北京雲居寺遼塔（石經幢）散樂圖像的考察——兼談契丹—遼時期的琵琶與三弦，張楊，當代音樂，2018 年第 3 期。
2797. 遼懿州塔伎樂磚雕圖像學探析——兼談契丹（遼）寺觀樂舞，楊育新，樂府新聲（瀋陽音樂學院學報），2018 年第 1 期。
2798. 獨樂寺塑像藝術特點之我見，盧蓬蓬，中國民族博覽，2020 年第 8 期。
2799. 淺談獨樂寺的五尊遼代泥塑，孫靜，卷宗，2017 年第 24 期。
2800. Spectroscopic investigation and comprehensive analysis of the polychrome clay sculpture of Hua Yan Temple of the Liao Dynasty, XinWang, GangZhen, XinyingHao, TongTong, FangfangNi, ZhanWang, JiaJia, LiLi, HuaTong, *Spectrochimica Acta Part A : Molecular and Biomolecular Spectroscopy*, Volume 240, 2020.
2801. 大同下華嚴寺佛教彩塑藝術研究，雷琳，法音，2016 年第 2 期。
2802. 大同下華嚴寺薄伽教藏殿遼代彩塑藝術賞析，馬巍、李寧、楊寶，文物世界，2016 年第 6 期。

2803. 大同華嚴寺遼代彩塑紋飾類型及特點研究，劉冬，當代旅遊，2018 年第 6 期。
2804. 下華嚴寺遼代佛教造像藝術——薄伽教藏殿佛菩薩造像研究，王素雲，內蒙古大學碩士學位論文，2016 年。
2805. 大同華嚴寺薄伽教藏殿遼代彩塑服飾研究，王婷，文物鑒定與鑒賞，2018 年第 10 期。
2806. 大同華嚴寺遼代塑像服飾特點，李元傑，文物鑒定與鑒賞，2018 年第 13 期。
2807. 大同華嚴寺遼代彩塑紋飾類型及特點研究，李茜，文物鑒定與鑒賞，2020 年第 15 期。
2808. 大同觀音堂菩薩雕像考，武建亭，美術大觀，2016 年第 4 期。
2809. 遼寧省博物館藏遼代彩繪人物紋木雕，盧治萍、王雅靜，草原文物，2017 年第 2 期。
2810. 從金代時期雕塑看金代女真民族的時代風貌，鄭彥民，戲劇之家，2017 年第 15 期。
2811. 晉城高都鎮東嶽廟金代彩塑研究，王麗雯、張明遠，美術，2020 年第 9 期。
2812. 五臺山佛光寺東大殿彩塑壁畫遺存若干問題稽考，崔元和、羅世平，五臺山研究，2019 年第 2 期。
2813. 晉南豫西北地區宋金墓葬音樂磚雕研究，王俊婷，西安音樂學院碩士學位論文，2019 年。
2814. 河南義馬狂口村金墓雜劇磚雕考，張裕涵、曹飛，勵耘學刊（總第 30 輯），社會科學文獻出版社，2019 年。
2815. 洛陽宋金時期墓葬雕磚概述，朱世偉、徐嬋菲，榮寶齋，2017 年第 12 期。
2816. 生死同樂 山西金代戲曲磚雕藝術，文明，2018 年第 3 期。
2817. 不朽之花——金代戲劇人物磚雕，劉潔，理財（收藏），2017 年第 6 期。
2818. 稷山金代段氏家族墓之磚雕藝術分析，蘇冠元，美術，2019 年第 6 期。
2819. 稷山金代段氏墓中的「婦人啟門」磚雕圖像研究，尚麗娟，美術觀察，2018 年第 1 期。

2820. 甘肅清水宋（金）墓畫像磚藝術特點探析，張玉平，天水師範學院學報，2018 年第 6 期。
2821. 盧溝橋風情精妙絕倫的「石獅藝術博物館」，周冉，國家人文歷史，2017 年第 8 期。
2822. 談遼金音樂文化的形成、融合與發展，李沫，音樂生活，2020 年第 11 期。
2823. 遼、宋、金祭祀天地用樂的比較研究，李琳，河南大學碩士學位論文，2020 年。
2824. 隋唐至宋金鼓吹制度沿革考，黎國韜、陳佳寧，文化遺產，2020 年第 1 期。
2825. 遼代大樂與禮樂制度探微，沈學英，人民音樂，2020 年第 7 期。
2826. 遼代多元音樂文化觀成因分析，楊育新，藝術研究，2017 年第 3 期。
2827. 遼代（契丹）音樂形成的背景和風格，張文熙，北方音樂，2019 年第 2 期。
2828. 契丹—遼多民族音樂文化間的交流與融合，劉寬，藝術探索，2020 年第 3 期。
2829. 皇帝癡迷是遼國音樂繁榮的主因，王岩頔，遼寧日報，2016 年 9 月 1 日第 11 版。
2830. 契丹——遼音樂文化二題，王珺，音樂生活，2016 年第 2 期。
2831. 東丹國音樂初探，原媛，當代音樂，2019 年第 9 期。
2832. 遼代雅樂文化的多線性——關於「以胡入雅」的問題，張黃沛瑤，中國民族博覽，2017 年第 20 期。
2833. 契丹—遼雅樂文化探究，張黃沛瑤，北方音樂，2017 年第 9 期。
2834. 遼代雅樂與禮樂制度探微，沈學英，中國音樂，2019 年第 2 期。
2835. 契丹—遼草原絲綢之路上的音樂文化交流——以樂舞圖像為例，劉寬，音樂生活，2020 年第 4 期。
2836. 遼代草原絲綢之路音樂文化交流初探，張黃沛瑤，長江叢刊，2019 年第 3 期。
2837. 契丹—遼鼓吹樂研究，潘驍蕊，瀋陽音樂學院碩士學位論文，2019 年。

2838. 遼、金、元宮廷用樂制度之關聯——基於對《金史·樂志》《遼史·樂志》與《元史·禮樂志》的解讀，潘江，天津音樂學院學報，2019 年第 2 期。
2839. 遼代佛教音樂史料探析——有關中國古代音樂文化的拾遺與補充，劉琳、王紅簫，藝術百家，2018 年第 5 期。
2840. 契丹遼樂舞音樂文化的傳承與研究，魏世夫，赤峰學院學報（漢文哲學社會科學版），2018 年第 10 期。
2841. 遼代晚期家族墓群音樂壁畫研究，安其樂，內蒙古藝術，2017 年第 1 期。
2842. 遼代教坊研究，陳璐，黃河之聲，2017 年第 3 期。
2843. 契丹——遼宮廷教坊源流探究，陳璐，北方音樂，2016 年第 18 期。
2844. 契丹——遼拍板探微，張黃沛瑤，北方音樂，2017 年第 14 期。
2845. 契丹——遼毛員鼓（細腰鼓）探微，王珺，天津音樂學院學報，2016 年第 1 期。
2846. 宋遼金排簫探析，王旭茹，西安音樂學院碩士學位論文，2020 年。
2847. 《卓歇圖》卷與箜篌，劉國梁，中國檔案報，2019 年 11 月 1 日第 4 版。
2848. 契丹（遼）箜篌在遼寧遺存的研究，原媛，樂府新聲（瀋陽音樂學院學報），2019 年第 3 期。
2849. 遼代墓葬音樂類壁畫所見杖鼓淺析，郭雯，戲劇之家，2016 年第 6 期。
2850. 金代宮廷雅樂制定考，潘江，音樂傳播，2019 年第 2、3 期合刊。
2851. 金源女真音樂曲牌，郭長海、郭閻梅，劇作家，2020 年第 4 期。
2852. 金朝女真族民間音樂探究，龔天卓，藝術教育，2016 年第 5 期。
2853. 《司馬槱夢蘇小小圖》與金元之際的音樂表演形態，施錡，美術觀察，2019 年第 1 期。
2854. 晉南金墓磚雕圖案上的樂器研究，張慧、楊洋，忻州師範學院學報，2019 年第 1 期。
2855. 山西新絳縣出土金元磚雕的音樂學研究，邢志向，藝術評鑒，2018 年第 5 期。
2856. 金代樂律尺長度考議，王曉靜，東北史研究，2016 年第 3 期。
2857. 關於遼代舞蹈之形象，高娟，藝術品鑒，2016 年第 11 期。

2858. 豪韻唐風——遼代樂舞之審美價值，何昱璋，黃河之聲，2019 年第 10 期。

2859. 關於張家口域內遼代樂舞文化的研究，何輝，黃河之聲，2019 年第 23 期。

2860. 詩詞歌賦中——契丹樂舞以「粗獷」為美的審美取向，孫斯琪，新玉文藝，2019 年第 5 期。

2861. 山西高平西李門二仙廟月臺東側線刻漢服伎樂圖考，于飛，文物春秋，2019 年第 2 期。

2862. 金代女真樂舞藝術特徵，趙娟，中國民族博覽，2019 年第 3 期。

2863. 基於史料實證的金代女真樂舞文化研究，趙航、隋東旭，古籍整理研究學刊，2020 年第 6 期。

2864. 金代社火表演之兒童樂舞，牛小芹，文物世界，2020 年第 4 期。

2865. 晉南金墓樂舞磚雕舞蹈形態研究，趙娟，藝術科技，2019 年第 1 期。

2866. 論宋元時期多民族設計風格的交流方式及特點，魏藝，美術學報，2019 年第 6 期。

2867. 內蒙古地區北魏至遼金元時期瓦當紋飾造型藝術研究，白潔，內蒙古大學碩士學位論文，2016 年。

2868. 內蒙古地區遼金元瓦當紋飾研究，趙怡博，內蒙古師範大學碩士學位論文，2019 年。

2869. 契丹游牧民族裝飾圖案構成淺析，范嘉、冬冬、孟春榮，建築與文化，2018 年第 8 期。

2870. 契丹傳統紋樣在文創產品設計中的應用，趙婕，瀋陽航空航天大學碩士學位論文，2019 年。

2871. 遼代裝飾紋樣探析——以獅子紋為例，李婧傑，赤峰學院學報（漢文哲學社會科學版），2020 年第 8 期。

2872. 遼時期契丹族動物紋樣裝飾溯源探究，高嘉、艾妮莎，藝術與設計（理論），2020 年第 4 期。

2873. 遼代摩竭形象獨特性成因，栗翠，中國陶瓷，2020 年第 2 期。

2874. 遼代摩竭紋圖案及其文化意義，吳迪，赤峰學院學報（漢文哲學社會科學版），2016 年第 10 期。

2875. 妙語梵音 祈禳福祐——遼人生活中的迦陵頻伽紋飾應用考問，李悅，東方收藏，2020 年第 21 期。
2876. 遼代契丹包裝器物的紋飾藝術解讀，高蘭英、宋曉晨，湖南包裝，2020 年第 6 期。
2877. 遼代建築彩畫飛天形象在當代舞劇中的應用，趙亞男，演藝科技，2020 年第 12 期。
2878. 番樣門神與護法神將的圖像學研究，魏聰聰，遼金歷史與考古（第七輯），遼寧教育出版社，2017 年。
2879. 上京地區金代藝術中的紋樣研究，潘巧雅，哈爾濱師範大學碩士學位論文，2016 年。
2880. 娛樂、驅邪與祐子：宋金嬰戲圖中的傀儡圖像及含義探析，鄭才旺，美術大觀，2020 年第 9 期。
2881. 河南宋金墓葬「半啟門」圖像研究，常婉茹，河南大學碩士學位論文，2018 年。
2882. 宋金「畫像二十四孝」——中國最早、最成熟的二十四孝，后曉榮，西部考古（第十二輯），科學出版社，2016 年。
2883. 語境與媒材：唐至宋金「昭陵六駿」圖像的流變，王磊，天津美術學院學報，2017 年第 3 期。

（七）體育

2884. 遼代契丹體育活動研究，張鵬，西北大學碩士學位論文，2017 年。
2885. 遼朝統治者體育參與行為，張斌，遼寧工程技術大學學報（社會科學版），2016 年第 6 期。
2886. 遼代騎射體育活動探析，閆玲萍，山西檔案，2016 年第 5 期。
2887. 契丹人傳統體育活動的文化學分析，蘇楠，當代體育科技，2017 年第 31 期。
2888. 體育史料蒐集與解讀脞論——以遼金元體育史為例，艾萌，體育研究與教育，2020 年第 1 期。
2889. 遼朝騎射體育教育考論，姜宇航，赤峰學院學報（漢文哲學社會科學版），2020 年第 5 期。

2890. 遼代節慶體育活動源起及其文化特徵，蘇楠，體育科技文獻通報，2018 年第 2 期。
2891. 射柳運動變遷研究，張元鋒、李真真，體育文化導刊，2016 年第 2 期。
2892. 遼代擊鞠考略，叢密林，體育文化導刊，2016 年第 1 期。
2893. 從契丹「擊鞠」到達斡爾「貝闊」演變的歷史考察，叢密林，中華文化論壇，2016 年第 2 期。
2894. 金元時期體育禁令的類型及其影響，牟曉玥、曹景川，成都體育學院學報，2020 年第 5 期。
2895. 金代體育的身體哲學研究，鄭傳鋒、周少林，河北體育學院學報，2019 年第 3 期。
2896. 從《三朝北盟會編》看金朝女真體育文化，王久宇、邸海林，黑龍江社會科學，2019 年第 5 期。
2897. 北魏、金、元記射碑中的射遠之戲，周思成，文史知識，2018 年第 4 期。
2898. 金代博弈活動的初步研究——以考古材料為中心，葉帥，黑龍江民族叢刊，2018 年第 4 期。

（八）圖書、印刷

2899. 談山西地區發現的幾件早期雕版印刷彌勒經典，李際寧，新世紀圖書館，2016 第 11 期。
2900. 何謂遼刻本，曉白，中國工會財會，2017 年第 4 期。
2901. 遼代經師論著的西夏譯本，王龍，遼金史論集（第十五輯），科學出版社，2017 年。
2902. 民族文化認同視閾下遼代圖書出版發展芻議，李西亞、楊衛東，中國出版，2019 年第 16 期。
2903. P.2159V《妙法蓮華經玄贊科文》寫卷重探——兼論遼國通往西域的「書籍之路」，秦樺林，敦煌寫本研究年報（13），2019 年 3 月。
2904. 宋朝對遼金出版物禁令及政策分析，劉瀟，出版廣角，2016 年第 23 期。
2905. 遼朝與金朝圖書出版發展的比較研究，楊衛東、李西亞，北方文物，2019 年第 2 期。
2906. 金代文化政策對圖書出版的影響，李彥龍、王韞，神州，2018 年第 6 期。
2907. 金代中都印刷發展研究，張慧慧，北京印刷學院碩士學位論文，2016 年。

2908. 金代山西刻書業概況及其興盛原因再探討，侯秀林，山西檔案，2016 年第 3 期。
2909. 金代山西平陽地區出版業興盛的原因，顧文若，編輯之友，2016 年第 12 期。
2910. 從《趙城金藏》刻本見平水雕版之鼎盛，謝惠生，中國印刷，2017 年第 1 期。
2911. 金代文化政策對圖書出版的影響，趙媛、宋萍，北方文物，2017 年第 3 期。
2912. 金代圖書出版的特點與作用論析，李西亞、楊衛東，社會科學戰線，2020 年第 4 期。
2913. 金代經史書籍的出版與民族文化認同，李西亞、楊衛東，北方文物，2017 年第 4 期。
2914. 金代的書籍出版與社會文化發展，李西亞，人民週刊，2019 年第 14 期。
2915. 文化認同視閾下金代儒學典籍出版的內在理路，李西亞，齊魯學刊，2019 年第 5 期。
2916. 儒釋道三教融合視閾下金代宗教典籍的出版——以佛、道二教為中心，楊衛東、李西亞，黑龍江民族叢刊，2019 年第 3 期。
2917. 儒釋道三教融合視閾下金代宗教典籍的出版——以佛、道二教為中心，李西亞，遼金歷史與考古（第十輯），科學出版社，2019 年。
2918. 金代荊氏書坊史事新證，馮先思，中國出版史研究，2020 年第 1 期。
2919. 金代藏書家敘論，顧文若，北方論叢，2017 年第 2 期。
2920. 平陽木版年畫《四美圖》考疑，徐德記，設計藝術研究，2017 年第 5 期。
2921. 金王若虛《尚書義粹》版本源流新探，馬振君，古籍整理研究學刊，2018 年第 1 期。
2922. 金元刻本《篇海》（卷十、十一）與明刻本對比研究，魏慧，河北大學碩士學位論文，2019 年。
2923. 遼代慶州白塔佛經用紙與印刷的初步研究，王珊、李曉岑、陶建英、郭勇，文物，2019 年第 2 期。

十一、文　學

（一）綜論

2924. 遼金文學的歷史定位與研究述評，周銘，祖國，2017 年第 3 期。
2925. 宋遼金文學與中華文學一體化，胡傳志，文學遺產，2020 年第 1 期。
2926. 透過歷史分析遼金文學特色，周銘，天天愛科學，2016 年第 18 期。
2927. 遼金文藝對中華美學的貢獻，張晶，民族文學研究，2019 年第 6 期。
2928. 關於遼金時期漢文學與少數民族文學關係的探討，王海萍，安徽文學（下半月），2016 年第 1 期。
2929. 遼金元時期北方民族漢文創作多元文學功能演進探析，尹曉琳，文藝爭鳴，2020 年第 6 期。
2930. 遼金時期的沈州文學探析，趙旭，瀋陽大學學報（社會科學版），2020 年第 1 期。
2931. 草原文化視域下遼金蒙古時期金蓮川文學活動及其意義，王雙梅，內蒙古民族大學學報（社會科學版），2017 年第 1 期。
2932. 北方民族對遼金元文藝思想貢獻芻議，胡傳志，文學遺產，2016 年第 6 期。
2933. 宋金元時期的隴中文學綜述，汪海峰，甘肅高師學報，2016 年第 10 期。
2934. 大文學史視野下遼、西夏、金、南宋文學作品的選與注，苗菁，聊城大學學報（社會科學版），2020 年第 5 期。
2935. 契丹文學傳播動因研究，吳奕璿，中國民族博覽，2019 年第 6 期。
2936. 遼代文學家族述論，陳偉慶、包國滔，惠州學院學報，2016 年第 5 期。

2937. 遼代文學家族的興起及構成，陳偉慶，中國社會科學報，2016 年 9 月 5 日第 5 版。
2938. 論遼代契丹作家漢語創作的特色，和談，新疆大學學報（哲學・人文社會科學版），2016 年第 3 期。
2939. 論契丹人在秦地的活動及詩詞創作——以耶律楚材家族為中心的考察，和談，西北大學學報（哲學社會科學版），2019 年第 4 期。
2940. 金元之際契丹文士的焦慮意識及文學表達——以耶律楚材家族為中心，和談，東南學術，2019 年第 4 期。
2941. 關於文學史上宋、遼、金、元界定的再審視，何躒，蘭臺世界，2016 年第 2 期。
2942. 遼金元時期巫山文學擷要（上），滕新才，重慶三峽學院學報，2016 年第 1 期。
2943. 遼金元時期巫山文學擷要（下），滕新才，重慶三峽學院學報，2016 年第 2 期。
2944. 金代文學多元文化共融現象形成的原因分析，高鐵民，赤子，2018 年第 16 期。
2945. 『歸潛志』に記錄された「金朝文學」の樣相，奧野新太郎，日本宋代文學學會報（5），2018 年。
2946. 金代地域文學編年研究，楊潔，中南民族大學碩士學位論文，2018 年。
2947. 金代文學生態述議，劉澤華、周俊霞，赤峰學院學報（漢文哲學社會科學版），2017 年第 1 期。
2948. 金代女真人文學生態生成的教育機理及其當代啟示，王俊德，民族教育研究，2019 年第 6 期。
2949. 方志佚文中所見的金末泰山區域文學生態，周琦玥、姜復寧，泰山學院學報，2019 年第 6 期。
2950. 論金代文壇的文脈之爭與文意之論，王永，民族文學研究，2017 年第 3 期。
2951. 佛禪影響下的金代文學批評觀念，孫宏哲，內蒙古民族大學學報（社會科學版），2019 年第 3 期。
2952. 王若虛對黃庭堅的批評及其意義，吳致寧，海南大學學報（人文社會科學版），2020 年第 3 期。

2953. 金代國朝文派研究，師瑩，山西大學博士學位論文，2017 年。

2954. 金代「國朝文派」概念提出的典型意義，吳致寧，保定學院學報，2019 年第 3 期。

2955. 宋金文學的融合與共和——兼論劉大先的民族文學觀，薛潤梅、黎光，東吳學術，2020 年第 4 期。

2956. 宋金對峙時期南北文學與文化地理，沈文雪，社會科學戰線，2016 年第 3 期。

2957. 文學地理學視域下的王寂北疆紀行書寫，孫宏哲、呂聰聰，內蒙古民族大學學報（社會科學版），2020 年第 4 期。

2958. 金元時期內蒙古的文學地理與文人分布，張建偉、宋亞文，遼寧工程技術大學學報（社會科學版），2016 年第 4 期。

2959. 民族融合視域下金代皇族涉佛文學創作，孫宏哲，黑龍江民族叢刊，2018 年第 1 期。

2960. 金代中都文學活動與文學風尚，魏華倩，內蒙古民族大學碩士學位論文，2020 年。

2961. 熊岳王氏家族左右金代文壇，張曉麗、陳琳琳，遼寧日報，2018 年 8 月 16 日 T14 版。

2962. 關於金代「赤壁」主題題畫文學的探討，郭薇，古籍整理研究學刊，2018 年第 2 期。

2963. 北人不拾江西唾　自創風骨異前賢——劉祁《歸潛志》的文論貢獻，張福勳，陰山學刊，2016 年第 6 期。

（二）詩

2964. 民族文化融合視域下的全遼詩研究，李穎異，內蒙古民族大學碩士學位論文，2020 年。

2965. 遼代契丹人詩歌文學特色芻議，劉德剛、夏晨光，文物鑒定與鑒賞，2018 年第 1 期。

2966. 中原詩歌在西夏和契丹的傳播，聶鴻音，四川師範大學學報（社會科學版），2019 年第 4 期。

2967. 論《玉石觀音像唱和詩》的創作特徵及其文化意義，張明華，民族文學研究，2016 年第 2 期。

2968. 遼代契丹女詩人的刺世意識——以蕭觀音、蕭瑟瑟作品為例，荊煒琪，名作欣賞，2020 年第 21 期。
2969. 試論蕭觀音詩歌藝術的特色，高郡，中國多媒體與網絡教學學報（上旬刊），2020 年第 1 期。
2970. 試析蕭觀音詩作，任禹丞、張懷予，赤峰學院學報（漢文哲學社會科學版），2017 年第 12 期。
2971. 先秦至金元時期「情性」說述評，周和軍，海南師範大學學報（社會科學版），2016 年第 12 期。
2972. 碑誌文獻與方志著作中的遼金佚詩，呂冠南，常熟理工學院學報，2019 年第 4 期。
2973. 金元詩歌概述，劉新文、王志華，唐山師範學院學報，2017 年第 6 期。
2974. 民族融合背景下的金代詩歌創作與發展，吳致寧，內蒙古大學學報（哲學社會科學版），2020 年第 1 期。
2975. 石刻中的金詩拾遺，薛瑞兆，學術交流，2017 年第 7 期。
2976. 石刻中的金詩拾遺，屈海燕，知與行，2017 年第 8 期。
2977. 金元山西地區詩詞用韻研究，楊純，南京師範大學碩士學位論文，2016 年。
2978. 金代南渡詩人詩歌用典摭析，劉福燕，名作欣賞，2017 年第 35 期。
2979. 金代詩歌對名詞鋪排的繼承和創新，吳禮權，河北師範大學學報（哲學社會科學版），2019 年第 3 期。
2980. 宋金元詩歌「列錦」結構模式及其審美追求，彭一平，青年文學家，2019 年第 24 期。
2981. 金代詩歌宗尚情形研究，路嘉瑋，雲南大學碩士學位論文，2019 年。
2982. 論貞祐南渡視域下之詩風丕變，劉福燕，揚葩振藻集——陝西師範大學中國古代文學博士點建立三十週年畢業博士代表論文集（下），陝西師範大學出版社，2016 年。
2983. 論貞祐南渡視域下之詩風丕變，劉福燕、許並生，晉陽學刊，2019 年第 3 期。
2984. 從士人心態看金後期詩風之變，苗民，中國社會科學報，2017 年 7 月 10 日第 4 版。

2985. 金元之際北方詩學探微——從元好問到郝經詩論中的「重氣之旨」，侯文宜，中北大學學報（社會科學版），2017 年第 4 期。
2986. 論金代的貢院唱和詩，裴興榮、馮喜梅，山西大同大學學報（社會科學版），2016 年第 1 期。
2987. 金代賀人登第詩的情感內涵，裴興榮，遼寧工程技術大學學報（社會科學版），2016 年第 5 期。
2988. 幽并豪俠氣：金代詠俠詩的文化內涵及審美追求，霍志軍，晉陽學刊，2019 年第 3 期。
2989. 論金代挽詩的悲劇意識及消解途徑，賈君琪，漢江師範學院學報，2018 年第 5 期。
2990. 論金代偈頌詩的詩法與禪機，孫宏哲，內蒙古民族大學學報（社會科學版），2018 年第 6 期。
2991. 金代重陽詩研究，王洋，遼寧師範大學碩士學位論文，2018 年。
2992. 金代山水詩的道教意象及其文學生成，孫蘭，東方論壇（青島大學學報），2018 年第 6 期。
2993. 金代南渡詩人山水詩探析，劉福燕，遼寧工程技術大學學報（社會科學版），2018 年第 2 期。
2994. 白溝情結的承續與嬗變——淺析宋元時期的白溝詩，黃雅蘭、黃梅，長江叢刊，2018 年第 3 期。
2995. 金元詠煙臺詩歌研究，唐英格，魯東大學碩士學位論文，2019 年。
2996. 金元牡丹詩詞的文化觀照，路成文，聊城大學學報（社會科學版），2017 年第 5 期。
2997. 論金代初期的文學觀念——以論詩詩、詩話為中心，張晉芳，集寧師範學院學報，2019 年第 5 期。
2998. 金代論詩詩中的詩歌理論研究，劉可馨，中國石油大學（華東）碩士學位論文，2017 年。
2999. 金代題畫詩探析，李翔，內蒙古師範大學學報（哲學社會科學版），2016 年第 1 期。
3000. 論金代文士題畫詩的美學思想，李翔，內蒙古師範大學學報（哲學社會科學版），2017 年第 5 期。

3001. 北宋繪畫觀賞與金代中後期題畫詩的審美傾向，陳博涵，故宮博物院院刊，2016 年第 6 期。
3002. 金代女性作家及其詩作考略，王姝，通化師範學院學報，2016 年第 11 期。
3003. 金代詩文與佛禪研究，孫宏哲，吉林大學博士學位論文，2016 年。
3004. 仕金遼士詩之夏夷君國理念及人生志趣，狄寶心，福建師範大學學報（哲學社會科學版），2019 年第 5 期。
3005. 遼宋入金詩人的生存狀態和金初詩歌，楊曉彩、查洪德，武漢大學學報（哲學社會科學版），2020 年第 6 期。
3006. 入金宋人的文化心理與詩歌創作，熊豐，曲阜師範大學碩士學位論文，2018 年。
3007. 金初入金宋人詩歌中的家國書寫研究，李永洲，華僑大學碩士學位論文，2019 年。
3008. 隱逸文化的淳化與深化——論金元全真詩詞的隱逸觀，郭中華，中華文化論壇，2018 年第 4 期。
3009. 金元全真詩詞的意境分析，郭中華，湖北職業技術學院學報，2018 年第 3 期。
3010. 論金元全真詩詞的宗教倫理思想，郭中華，河南科技大學學報（社會科學版），2018 年第 4 期。
3011. 金代全真教掌教馬丹陽的詩詞創作及其文學史意義，吳光正，世界宗教研究，2019 年第 1 期。
3012. 馬鈺詩詞俗語詞研究，胡婷，西南大學碩士學位論文，2019 年。
3013. 姚孝錫詩歌分類，侯瑞，現代語文（學術綜合版），2016 年第 8 期。
3014. 宇文虛中詩中的人生價值取向及其死因索評，狄寶心，民族文學研究，2016 年第 1 期。
3015. 從完顏亮的詩詞看女真族文化的審美特質，賀利，赤峰學院學報（漢文哲學社會科學版），2016 年第 12 期。
3016. 完顏亮詩詞的審美特徵與創作個性，賀利，留學生，2016 年第 6 期。
3017. 從三位皇帝的還鄉詩看《大風歌》的經典性，劉鋒燾，樂府學（第 19 輯），社會科學文獻出版社，2019 年。

3018. 《中州集》朱自牧詩歌淺析，梁琦，現代語文（學術綜合版），2016 年第 5 期。
3019. 蔡松年詩歌研究，王曉玲，遼寧師範大學碩士學位論文，2016 年。
3020. 周昂對金代中期詩壇尖新潮流的反思與超越，歐風偃，宿州教育學院學報，2018 年第 6 期。
3021. 劉迎的現實主義詩歌賞析，周彤，參花（上），2016 年第 4 期。
3022. 密國公璹詩歌研究心得，張慧，現代語文（學術綜合版），2016 年第 7 期。
3023. 試析王寂紀行詩的特點，許鶴，重慶科技學院學報（社會科學版），2016 年第 7 期。
3024. 由王寂諧謔詩透視金代中期文化生態，張懷宇，許昌學院學報，2017 年第 6 期。
3025. 趙秉文詩歌風格淺析，王鵬，名作欣賞（中旬），2017 年第 4 期。
3026. 趙秉文的古體詩及其詩歌史價值，于東新、張麗紅，中國韻文學刊，2017 年第 2 期。
3027. 春水秋山寫盛世——趙秉文《春水行》《扈從行》評析，韓雅慧，名作欣賞，2017 年第 12 期。
3028. 金元詩歌講與練——和韋蘇州《秋齋獨宿》，中華活頁文選（高二、高三年級版），2018 年第 2 期。
3029. 平凡旅程寄悟深——讀金代趙秉文的詩《暮歸》，錢揚珍、錢韜，語文月刊，2016 年第 6 期。
3030. 論趙秉文之「和陶詩」——兼論金代文壇之陶淵明接受的方式，于東新、胡春潔，中國文學研究（第二十七輯），復旦大學出版社，2016 年。
3031. 渤海遺裔文學的師承與流變——以王庭筠的後期詩風為中心，李瑩，文化學刊，2019 年第 8 期。
3032. 李俊民贈答詩研究，王蕾，遼寧師範大學碩士學位論文，2020 年。
3033. 清淡閒適自悠然——金代黨懷英詩歌分析，崔佳佳，現代語文（學術綜合版），2016 年第 11 期。
3034. 杜仁傑詩文研究，朱子玄　遼寧師範大學碩士學位論文，2019 年。
3035. 家族期望與人生選擇衝突中的白樸——白樸之父白華《示恒》詩解讀，甄颯颯，河北民族師範學院學報，2017 年第 1 期。

3036. 耶律楚材的西域紀行詩歌淺論，伍守卿，河南廣播電視大學學報，2019 年第 3 期。
3037. 從西遊同韻詩看耶律楚材、丘處機的文化情懷與審美追求，王素敏，陰山學刊，2019 年第 5 期。
3038. 宗主國的外交文學——論金與高麗交聘類詩詞，胡傳志，中國詩學研究（第十二輯），安徽師範大學出版社，2016 年。
3039. 無名才子多佳作——近年考古出土宋金元瓷器中的詩文輯錄，后曉榮、楊炎鋒，切偲集——首都師範大學歷史學院史學沙龍論文集（第一輯），上海古籍出版社，2016 年。
3040. 論金代詩學批評形式的新變，胡傳志，安徽師範大學學報（人文社會科學版），2016 年第 2 期。
3041. 王若虛《滹南詩話》論黃庭堅之雙重標準，邢蕊婷，北方文學，2017 年第 23 期。
3042. 王若虛的詩論取向及其意義，方頠瑋，蘇州大學學報（哲學社會科學版），2018 年第 3 期。
3043. 金源詩人慕陶情結探微，劉志中，學習與探索，2017 年第 3 期。
3044. 略論金元時期對韋應物詩歌的接受，彭偉，文藝爭鳴，2019 年第 2 期。
3045. 《河汾諸老詩集》版本再探，薛林仙，忻州師範學院學報，2019 年第 3 期。
3046. 明代的金詩選錄及其特徵，張靜，忻州師範學院學報，2019 年第 4 期。
3047. 清人顧奎光、陶玉禾的金詩選評，張靜，忻州師範學院學報，2016 年第 3 期。
3048. 金元時期詩話中的《詩經》教化與文學傳播，彭一平，牡丹，2019 年第 23 期。
3049. 金詩文獻的文化意義，薛瑞兆，江蘇大學學報（社會科學版），2019 年第 6 期。

（三）詞

3050. 遼代詞壇沈寂現象論考，孫科鏤，求是學刊，2017 年第 2 期。
3051. 遼代唯一傳世的「遼詞」考證——《三盆山崇聖院碑記》上的「西江月」，張丹、姜維東，學問，2016 年第 5 期。

3052. 詞學史上的金元詞論，李春麗，陰山學刊，2019 年第 6 期。
3053. 金元詞「類曲」風格及文化考察，李春麗，職大學報，2018 年第 4 期。
3054. 從敦煌曲子詞與金代道教詞詞體看詞的產生，左洪濤、霍佳梅，中文論壇（總第 6 輯），社會科學文獻出版社，2017 年。
3055. 金至明詞「豪放」「婉約」接受述要，趙銀芳，瀋陽大學學報（社會科學版），2017 年第 2 期。
3056. 論金代詞人地理分布與群體特點，張建偉、張景源，地域文化研究，2019 年第 3 期。
3057. 金後期河東詞人群體研究，董昱涵，華中師範大學碩士學位論文，2019 年。
3058. 「蘇辛變體」在 12～14 世紀初詞壇的運行，沈松勤，文藝研究，2020 年第 6 期。
3059. 金詞演唱的北宋烙印——論北宋對金詞演唱的影響，甘煜婷，遼寧工程技術大學學報（社會科學版），2020 年第 1 期。
3060. 北宋樂署與金詞演唱，董希平，中原文化研究，2019 年第 6 期。
3061. 宋金四六譜派源流考述，張興武，文學遺產，2019 年第 1 期。
3062. 金代文人詞詞調研究，劉美辰，吉林大學碩士學位論文，2016 年。
3063. 宋金元《青玉案》詞調研究，張楚楚，南京師範大學碩士學位論文，2016 年。
3064. 宋金元《滿庭芳》詞研究，伏濛濛，南京師範大學碩士學位論文，2017 年。
3065. 宋金元中原官話區詞人用韻研究，董欣，南京師範大學碩士學位論文，2017 年。
3066. 金元災害詞讜論，陳家愉，貴州文史叢刊，2018 年第 2 期。
3067. 宋金遺民元夕詞比較，徐亞玲，福建茶葉，2019 年第 9 期。
3068. 金元俳諧詞中的文人仕進心態觀照，徐繼英，短篇小說（原創版），2018 年第 8Z 期。
3069. 金元詞的民俗觀照，李春麗、趙宏宇，短篇小說（原創版），2016 年第 35 期。
3070. 兩宋之際豪放詞派承傳的北折與南還——兼論金初蔡松年的轉樞作用，黄成蔚，湖北社會科學，2018 年第 2 期。

3071. 淺析蔡松年隱逸詞，楊晉芳，語文學刊，2016 第 8 期。
3072. 論吳激詞中的夢意象及其美學功能，王曉玲、李成，名作欣賞，2016 年第 3 期。
3073. 在金生活經歷對辛棄疾詞創作的影響，郭帥，山西廣播電視大學學報，2016 年第 4 期。
3074. 論王寂詞對東坡詞之承繼，王馨薇，（臺灣）問學（第 22 期），2018 年 7 月。
3075. 趙秉文豪放詞探析：論「蘇學行於北」對趙詞之影響，石學翰，（臺灣）人文社會科學研究（13 卷 2 期），2019 年 6 月。
3076. 由拙軒詞看金詞由俗入雅的發展趨向，張懷宇，陝西學前師範學院學報，2016 年第 9 期。
3077. 金元之際詞的新變——以元好問、白樸為中心的考察，畢宇甜，山西大學碩士學位論文，2016 年。
3078. 《山西八大套》對金元散曲的吸收運用，張璞，山西青年，2016 年第 21 期。
3079. 論元曲曲牌與金代道士詞，時俊靜，浙江藝術職業學院學報，2016 年第 4 期。
3080. 金代道教詞對宋代俗詞的接受，高亞萍，牡丹，2016 年第 16 期。
3081. 俗中出彩——金代道教詞與宋代民間詞的藝術形式比較，左洪濤、高亞萍，忻州師範學院學報，2019 年第 1 期。
3082. 關於早期全真道詩詞研究的若干問題，羅爭鳴，宗教學研究，2016 年第 1 期。
3083. 金元全真詞的幾種特殊詞體，倪博洋，民族藝林，2018 年第 3 期。
3084. 金元全真詩詞中的社會倫理思想探析，郭中華，太原理工大學學報（社會科學版），2018 年第 3 期。
3085. 論金元全真詩詞和合文化的思想內涵，郭中華，中華文化論壇，2018 年第 9 期。
3086. 金元全真詞樂律與文獻研究，倪博洋，南開大學碩士學位論文，2016 年。
3087. 金元全真詞中的唱「哩囉」——兼談「囉哩嗹」起源問題，倪博洋，文化遺產，2016 年第 4 期。
3088. 全真北宗詞研究，劉文江，華僑大學碩士學位論文，2018 年。

3089. 用事：王重陽詞對柳永俗詞的融攝，左洪濤，求索，2016 年第 10 期。
3090. 王重陽「愛看柳詞」本事考論，羅爭鳴，古籍研究（總第 64 卷），鳳凰出版社，2016 年。
3091. 王重陽『和柳詞』的道教內涵與審美意蘊，姚逸超、陶然，中國道教，2019 年第 4 期。
3092. 論金代全真道士長筌子詞，倪博洋，宗教學研究，2019 年第 1 期。
3093. 《全金元詞》馬鈺《神光燦》詞辨正，伏濛濛，古籍整理研究學刊，2018 年第 4 期。
3094. 吳梅的金元詞研究，仇俊超，泰山學院學報，2017 年第 1 期。
3095. 劉毓盤的金元詞研究，陳旭鳴，泰山學院學報，2017 年第 1 期。
3096. 金元文集序跋中的詞學研究，羅嘉華，暨南大學碩士學位論文，2018 年。
3097. 陳廷焯金元詞的認識及變化析論，李春麗，中國韻文學刊，2018 年第 2 期。

（四）散文

3098. 遼代漢文實用文若干問題研究，楊培豔，西北大學碩士學位論文，2016 年。
3099. 遼代駢文述略，譚家健，首都師範大學學報（社會科學版），2016 年第 6 期。
3100. 麗句與深采並流——金代散文賦化現象及其價值論析，薛婉瑩，山西大學碩士學位論文，2019 年。
3101. 金代前中期賦鉤沉與探析，牛海蓉，揚葩振藻集——陝西師範大學中國古代文學博士點建立三十週年畢業博士代表論文集（下），陝西師範大學出版社，2016 年。
3102. 兩宋金元時期的辭賦概況，李牧童，對聯，2019 年第 9 期。
3103. 黨懷英佚作四則輯校，呂冠南，內江師範學院學報，2018 年第 1 期。
3104. 論金代民族文化背景下王若虛《文辨》的散文批評，張桐，民族文學研究，2018 年第 1 期。
3105. 金代學記研究，鄭軍帥，遼寧師範大學碩士學位論文，2019 年。
3106. 金遺民散文研究，李冬梅，吉林大學碩士學位論文，2018 年。

（五）戲劇

3107. 遼、金政權下的雜劇演出和從業伶人，周玥、李東靜，遼寧工程技術大學學報（社會科學版），2016 年第 5 期。
3108. 宣化遼金壁畫墓散樂壁畫考論，趙丹榮、張裕涵，中華戲曲（第 55 輯），文化藝術出版社，2017 年。
3109. 遼代戲劇漫談，李東靜，新西部（理論版），2016 年第 35 期。
3110. 壁畫「劉三取錢」漫談兼論遼代戲劇題材，李東靜，赤峰學院學報（漢文哲學社會科學版），2016 年第 11 期。
3111. 宋金雜劇的音樂體制及其對戲曲成熟的推動作用，王俊德，藝術評鑒，2018 年第 24 期。
3112. 從優人諷諫的發展看宋金雜劇的諷刺傳統，楊夢如，名作欣賞，2019 年第 35 期。
3113. 金元雜劇中的汴梁現象研究，李榕，山西師範大學碩士學位論文，2018 年。
3114. 金元敘事散曲與早期雜劇劇本的編寫形態——以散曲的敘事主人公與雜劇的主唱人比較為中心，徐大軍，文藝理論研究，2017 年第 5 期。
3115. 金元時期說唱道情的世俗化，王定勇，揚州大學學報（人文社會科學版），2017 年第 3 期。
3116. 文學地理學視閾下的金雜劇研究，劉梅蘭，理論界，2020 年第 1 期。
3117. 金代河東南路雜劇的沉澱融合及其體量態勢——以戲曲文物為中心，李文，戲劇藝術，2019 年第 4 期。
3118. 聖俗之變：山西宋金元神廟戲臺形制與地方社會之關係，李仁偉，裝飾，2018 年第 7 期。
3119. 從露臺到古戲臺——宋元時期戲曲演出場所的演變與戲曲藝術的成熟，何睿，戲劇之家，2020 年第 26 期。
3120. 「聖」與「俗」的博弈——再論山西宋金元時期神廟戲臺的形制演變，李仁偉，藝術評論，2018 年第 8 期。
3121. 侯馬董氏墓戲臺模型建砌位置研究，任彤，戲劇之家，2017 年第 14 期。
3122. 「戲頭」辨，任彤、曹飛，戲劇（中央戲劇學院學報），2018 年第 2 期。
3123. 金代早期諸宮調散套的又一實例，寧希元，中華戲曲（第五十三輯），文化藝術出版社，2016 年。

3124. 誤讀的諸宮調「重大發現」——侯馬二水金墓曲辭解，廖奔，戲曲研究，2019 年第 2 期。

3125. 金代諸宮調的半入聲和《中原音韻》的入派三聲，劉俊一，漢字文化，2019 年第 1 期。

3126. 【耍孩兒】的宮調、格律與聯套方式在諸宮調中的實踐——對中國傳統曲牌發展脈絡的窺視，趙君，中央音樂學院學報，2017 年第 4 期。

3127. 論金院本在中國戲劇史上的地位——兼論元雜劇對金院本的承繼關係，樊帥，西北民族大學碩士學位論文，2016 年。

3128. 論金代「院本」非雜劇別名，劉敘武，文化遺產，2020 年第 5 期。

3129. 金院本在燕趙間興起之蠡測，趙忠富，大舞臺，2018 年第 1 期。

3130. 金院本與北方目連戲的發展，馬小涵，玉林師範學院學報，2019 年第 1 期。

3131. 金院本「秀才家門」考，楊挺，四川戲劇，2016 年第 7 期。

3132. 「豔段」考辨，楊昊冉，文化藝術研究，2019 年第 2 期。

3133. 從戲曲文物看宋金元雜劇的腳色行當，王健，中國文藝家，2020 年第 4 期。

3134. 音樂中的國家寶藏——侯馬金代董氏墓戲俑，高楠，琴童，2020 年第 7 期。

3135. 「末泥」色研究綜述，陳美青、楚二強，重慶郵電大學學報（社會科學版），2020 年第 2 期。

3136. 論王實甫《西廂記》中的紅娘形象，馬明喆，傳播力研究，2019 年第 4 期。

3137. 論《董西廂》中的英雄氣——從法聰這一人物展開來談，楊園園，名作欣賞，2017 年第 20 期。

3138. 論金元兩代草原文化對「西廂故事」的介入，馬會，前沿，2018 年第 5 期。

3139. 《莊家不識勾欄》創作年代與地點新考，程民生，中州學刊，2017 年第 1 期。

3140. 金元風範——「金、元」話語與明清戲曲「宗元」風尚，杜桂萍，光明日報，2019 年 5 月 27 日第 13 版。

3141. 金元時期北方蕃曲與元曲的融合與滲透，張婷婷，藝術百家，2019 年第 5 期。
3142. 金元散曲般涉調套曲及曲牌源流考，陳文革，中央音樂學院學報，2016 年第 2 期。
3143. 從晉南出土金元音樂磚雕看雜劇戲曲的興起與發展，馮曉琴，藝術教育，2018 年第 11 期。
3144. 以山西晉南戲曲磚雕為例看宋金元雜劇的發展衍變，邢志向，音樂創作，2017 年第 12 期。
3145. 從洛陽金代紀年墓雜劇磚雕看戲曲成熟年代，李寶宗，中國文物報，2017 年 8 月 22 日第 5 版。
3146. 文物鑒賞之金代戲劇磚雕，劉芳，中國文藝家，2017 年第 5 期。
3147. 山西金代戲曲多繁榮？磚雕告訴你，安瑞軍，收藏·拍賣，2016 年第 1、2 期合刊。
3148. 試析金代墓葬中的戲曲圖像，夏天，南方文物，2016 年第 3 期。
3149. 河南宋墓及山西金墓戲曲圖像的綜合認識，蘇翔，新疆藝術學院學報，2016 年第 1 期。
3150. 圖像史學視野下的隴右地區宋金戲曲畫像磚，霍志軍，中國古代小說戲劇研究叢刊（第 14 輯），甘肅人民出版社，2018 年。
3151. 豫西北宋金演劇史料述考，唐霞，焦作大學學報，2020 年第 4 期。

（六）文體、詩文集

3153. 論宋金時期的「夷堅體」著述，王永、鄧心，民族文學研究，2020 年第 5 期。
3154. 西崑體宋金元接受史研究，張龍高，西南交通大學碩士學位論文，2016 年。

十二、宗　教

（一）概論

3155. 阿保機時代宗教與政治關係研究，李鵬，黑龍江民族叢刊，2018 年第 2 期。

3156. 鞍山地區遼代景教源流探析，李剛，遼金歷史與考古（第九輯），科學出版社，2018 年。

3157. 金代的宗教政策與政治文化認同，王耘，遼金歷史與考古（第八輯），科學出版社，2017 年。

3158. 金代宗教管理研究，祝賀，吉林大學博士學位論文，2019 年。

3159. 金朝禮部宗教管理方式芻議，孫久龍、王成名，史學集刊，2019 年第 2 期。

3160. 三教合一在金代的新發展，王德朋，遼寧大學學報（哲學社會科學版），2017 年第 1 期。

3161. 金元時期的水神形象建構與民眾抉擇——以山西新絳鼓堆泉為例，裴孟華，地方文化研究，2017 年第 2 期。

3162. 金元汪古馬氏的景教因素新探——顯靈故事與人名還原，馬曉林，十至十三世紀東亞史的新可能性：首屆中日青年學者遼宋西夏金元史研討會論文集，中西書局，2018 年。

3163. 金代的生祠與祠廟探析，劉曉楠，九江學院學報（社會科學版），2019 年第 6 期。

3164. 金代北鎮醫巫閭山信仰與祭祀探析，劉丹，渤海大學學報（哲學社會科學版），2019 年第 3 期。

3165. 金元以降山西汾州地區龍天信仰研究，寧夏楠，山西大學碩士學位論文，2019 年。

3166. 金元之際高平聖姑廟的建築空間與信仰，陳豪，北方文物，2020 年第 1 期。

3167. 金代民間信仰中的人物崇拜研究，劉曉楠，遼寧師範大學碩士學位論文，2020 年。

（二）薩滿教

3168. 契丹薩滿信仰的基本形態及特點，邱冬梅，內蒙古民族大學學報（社會科學版），2016 年第 2 期。

3169. 遼代契丹薩滿教研究，邱冬梅，吉林大學博士學位論文，2017 年。

3170. 遼代契丹人薩滿信仰研究述評，邱冬梅，黑龍江民族叢刊，2016 年第 1 期。

3171. 女真人原始宗教信仰在征伐戰爭中的作用，劉智博，邊疆經濟與文化，2018 年第 4 期。

3172. 淺議女真薩滿墓葬，梁娜，東北史地，2016 年第 3 期。

3173. 隨葬品視角下遼金時期女真人薩滿墓葬的性別探討，梁娜、謝浩，地域文化研究，2020 年第 1 期。

3174. 洛陽道北史家屯村金墓薩滿舞蹈圖像考，商春芳，中國古都研究（第三十三輯），陝西師範大學出版社，2017 年。

3175. 女真墓葬中出土懸鈴腰帶的特徵及用途研究，梁娜、謝浩，大慶社會科學，2019 年第 1 期。

3176. 金代人面瓦當與薩滿面具的淵源，張紅松、王丹楊、高天文，文化月刊，2020 年第 11 期。

（三）佛教

3177. 遼代佛教的基本情況和特點，張帆，山西青年，2016 年第 12 期。

3178. 從現存遼代佛教古蹟看遼代佛教信仰，王賀，遼寧工程技術大學學報（社會科學版），2016 年第 5 期。

3179. 虛擬與真實：唐宋遼金時期佛教影響下的地理表述，宋坤，河北學刊，2017 年第 2 期。
3180. 絲綢之路上的宗教思想與文化認同——以契丹、党項、回鶻佛教為中心，袁志偉，求索，2017 年第 5 期。
3181. 遼金崇佛與雲岡石窟的修繕，宣林，山西大同大學學報（社會科學版），2018 年第 2 期。
3182. 考古資料所見遼代之文殊信仰考屑，程嘉靜、楊富學，內蒙古社會科學，2020 年第 1 期。
3183. 遼朝淨土信仰研究，鞠賀，宋史研究論叢（第 26 輯），科學出版社，2020 年。
3184. 遼金時期燕京律宗一系考察，溫金玉，宗教學研究，2020 年第 2 期。
3185. 遼朝佛教信徒「兼奉諸宗」考論，楊軍、鞠賀，古代文明，2020 年第 4 期。
3186. 論遼代菩薩戒的流行，彭瑞花，宗教學研究，2018 年第 1 期。
3187. 遼代燕雲地區民間佛事活動與社會秩序——以《遼代石刻文編》為例，劉遠，民族史研究（第 15 輯），中央民族大學出版社，2019 年。
3188. 論遼金時期佛教徒的焚身供養，王德朋，北京社會科學，2019 年第 11 期。
3189. 遼金時期北京佛教文化再認識，安寧，法音，2019 年第 8 期。
3190. 遼西京佛教藝術的唐代遺風，王雁卿，中國古都研究（第三十三輯），陝西師範大學出版社，2017 年。
3191. 遼金時期東北地區的佛教信仰和舍利崇拜，王佳，地域文化研究，2019 年第 5 期。
3192. 試述遼代朝陽佛教發展的政治社會根源，劉桂馨，遼寧省社會主義學院學報，2017 年第 1 期。
3193. 遼代佛教藝術在朝陽禪修中心設計的應用研究，苗逢時，瀋陽航空航天大學碩士學位論文，2019 年。
3194. 重鑄法身：由遼塔藏文物遺存管窺遼代佛教的舍利信仰，于博，美術學報，2017 年第 6 期。
3195. 從朝陽北塔天宮看遼代舍利瘞藏制度，杜曉敏，理財·收藏，2019 年第 9 期。

3196. 中國遼代における法舎利埋納遺跡調査記，劉海宇，岩手大學「平泉文化研究センター年報」，岩手大學平泉文化研究センター編，2019年。
3197. 遼代の仏教における「末法說」の源流，劉屹著，林佳恵訳，學際化する中國學：第十回日中學者中國古代史論壇論文集，（東京）汲古書院，2019年。
3198. 唐代・遼代を中心とした縁起法頌の受容と変容：造塔供養の観點から（2），那須真裕美，密教學（52），2016年。
3199. 墮地獄說話の図象形成と遼代仏教說話：兵庫・極楽寺蔵六道絵を中心に（「美術に関する調査研究の助成」研究報告；2016年度助成），石川溫子，鹿島美術財団年報（34）（別冊），2016年。
3200. 十一世紀中國北方廣泛流行的華嚴禪典籍與人物，王頌，世界宗教文化，2018年第4期。
3201. 述論遼宋時期《法華經》及天台教義在北方的流傳，嚴耀中，中原文化研究，2019年第3期。
3202. 遼金佛經刊刻與流傳，趙靜，中國出版，2018年第21期。
3203. 房山石經研究，管仲樂，東北師範大學博士學位論文，2019年。
3204. 北京房山雲居寺遼金刻經考述，齊心、楊亦武，遼金歷史與考古（第十輯），科學出版社，2019年。
3205. 僧俗・經藏・碑板：遼刻房山石經書經活動的變局，管仲樂，北方論叢，2020年第2期。
3206. 『釈摩訶衍論』の遼代における流通：房山石経の記述と周辺事情（谷地快一博士記念號），関悠倫，東洋學研究（56），2019年。
3207. 遼代印經院與遼藏的雕印，杜成輝，遼金史論集（第十五輯），科學出版社，2017年。
3208. 遼代印經院考，杜成暉，北方文物，2016年第1期。
3209. 論遼代漢人與《契丹藏》的雕印，蔣金玲，貴州社會科學，2017年第9期。
3210. 中世紀絲綢之路上的思想傳播——遼契丹藏、黑水城西夏文書、杭州飛來峰、元敦煌版《六字大明》初探，杜瀟，跨文化對話，2018年第2期。

3211. 吐魯番博物館所藏《契丹藏》佛經殘片考釋——從《囉嚩拏說救療小兒疾病經》看《契丹藏》傳入高昌回鶻的時間，武海龍、彭傑，西域研究，2019 年第 4 期。
3212. 遼代佛教造像的民族風格研究，楊俊芳，美術大觀，2019 年第 8 期。
3213. 從赤峰地區遼代佛塔看遼代佛像的造像藝術，李悅，中國民族博覽，2019 年第 2 期。
3214. 西夏與遼宋時期涅槃圖像的比較研究，于博，西夏學（第十八輯），甘肅文化出版社，2019 年。
3215. 山西地區彩塑佛像著衣造型分析，黃文智、歐陽寧明，雕塑，2017 年第 2 期。
3216. 遼代白衣觀音造像考察，成敘永，東亞都城和帝陵考古與契丹遼文化國際學術研討會論文集，科學出版社，2016 年。
3217. 遼代八大菩薩造像研究，成敘永，遼金歷史與考古（第七輯），遼寧教育出版社，2017 年。
3218. 金剛界曼荼羅與新的八大靈塔信仰的融合：朝陽北塔塔身浮雕研究，成敘永，故宮博物院院刊，2017 年第 2 期。
3219. 金佛光明——劉雍收藏的遼代金銅造像，劉雍，遊艇，2018 年第 4 期。
3220. 遼代金銅白衣觀音造像小析，張金穎，文物天地，2019 年第 12 期。
3221. 淺談獨樂寺的十一面觀音造像，趙智慧、高樹影，中國民族博覽，2019 年第 5 期。
3222. 通遼市博物館藏遼代佛像，其其格，收藏，2019 年第 1 期。
3223. 淺析應縣木塔中佛像的藝術特徵，蘇靜平，新課程（中旬），2019 年第 3 期。
3224. 客從何處來：加拿大皇家安大略博物館藏三彩羅漢像新識，吳敬，美成在久，2019 年第 2 期。
3225. 奈曼旗青龍山鎮出土石雕佛像賞析，秦曉偉，文物鑒定與鑒賞，2019 年第 16 期。
3226. 《顯密圓通成佛心要集》對遼代密教的影響探析，張明悟，佛學研究，2020 年第 1 期。
3227. 俄藏黑水城《顯密圓通成佛心要集》考論，崔紅芬、文志勇，遼金史論集（第十四輯），中國社會科學出版社，2016 年。

3228. 《顯密圓通成佛心要集》裏的梵語言，聶鴻音，寧夏社會科學，2016 年第 3 期。
3229. 佛教生態美學視閾下的遼朝寺院景觀——以石刻文字為中心，張國慶，黑龍江社會科學，2020 年第 1 期。
3230. 北京舊城弘法寺新考，侯海洋，北京文博文叢，2016 年第 2 輯。
3231. 遼代俗界佛事活動研究，范雙，遼寧大學碩士學位論文，2016 年。
3232. 遼代圓寂道場述論，常崢嶸，宗教學研究，2016 年第 3 期。
3233. 晚唐至金國初期五臺山地區的佛教狀況，（美）羅伯特・M・詹密羅著，冀培然編譯，世界宗教文化，2016 年第 2 期。
3234. 五代時期繼顒大師的身世、出家及與遼朝關係，齊子通，五臺山研究，2016 年第 1 期。
3235. 요대（遼代）선연（鮮演）에 수용된 법장（法藏）의 화엄사상，박은영（지현），（韓國）佛教學報（第八十五輯），2018 年。
3236. 遼代通理禪師佛性思想及其與《楞嚴經》關係考辨，趙洋，佛學研究，2020 年第 1 期。
3237. 遼代高僧非濁の行狀に関する資料考：『大蔵教諸仏菩薩名號集序』について（ひと・もの・知の往來：シルクロードの文化學）——（仏教伝來とその展開），李銘敬，アジア遊學（208），2017 年。
3238. 碑誌所見遼代僧尼的圓寂與安葬，張振軍，遼金歷史與考古（第九輯），科學出版社，2018 年。
3239. 論金代佛教的歷史淵源，王德朋，蘭州學刊，2018 年第 8 期。
3240. 金代の仏教（金・女真の歴史とユーラシア東方；金代の社會・文化・言語），藤原崇人，アジア遊學（233），2019 年 4 月。
3241. 金代佛學著述及其思想摭要，王德朋，北方文物，2020 年第 4 期。
3242. 金世宗大定二十年毀佛寺考——兼論金代佛教政策對佛教建築的影響，王嶠，黑龍江社會科學，2020 年第 1 期。
3243. 金代佛教寺院經濟生活探析，王德朋，中國農史，2016 年第 5 期。
3244. 金代佛教寺院的社會功能研究，王德朋，宗教學研究，2020 年第 4 期。
3245. 金朝上京地區佛教研究，孫夢瑤，哈爾濱師範大學碩士學位論文，2020 年。

3246. 金代燕京の仏教遺跡探訪記（金・女真の歴史とユーラシア東方；金代の社會・文化・言語），阿南ヴァージニア・史代，アジア遊學（233），2019 年 4 月。

3247. 房山大曆寺重建中的金代皇族與曹洞宗，王曉靜，北京文博文叢，2017 年第 4 輯。

3248. 孔門禪與金元士風，吳平，（臺灣）孔學與人生（81 期），2019 年 5 月。

3249. 遼南京、金中都佛寺補正，尤李，佛學研究，2018 年第 1 期。

3250. 續於無常：金代山東靈巖寺的起伏興衰，李如鈞，（臺灣）史學彙刊（第 37 期），2018 年 12 月。

3251. 山東靈巖寺史研究——以相關碑刻釋讀為中心，馬叢叢，山東大學博士學位論文，2020 年。

3252. 金元時期晉東南地區寺院間互動——以高平金峰寺為例，陳豪，四川文物，2020 年第 2 期。

3253. 遼代陶瓷造像藝術中的佛教題材略述，于光勇，美術文獻，2020 年第 10 期。

3254. 陝北與隴東金代佛教造像研究，劉振剛，蘭州大學博士學位論文，2016 年。

3255. 唐宋時期甘肅隴東地區佛教遺存的調查與研究，孫曉峰、曹小玲，大足學刊（第一輯），重慶出版社，2016 年。

3256. 延安宋金石窟僧伽造像內涵探析——以清涼山第 11 窟和石泓寺第 7 窟僧伽造像為中心，石建剛、萬鵬程，藝術設計研究，2018 年第 3 期。

3257. 陝北宋金石窟布袋和尚圖像調查與研究——兼論與河西地區西夏石窟布袋和尚圖像的關聯性，石建剛、白曉龍，絲綢之路研究集刊（第 5 輯），商務印書館，2020 年。

3258. 延安宋金石窟工匠及其開窟造像活動考察——以題記所見工匠題名為核心，石建剛、袁繼民，絲綢之路研究集刊（第三輯），商務印書館，2018 年。

3259. 延安宋金石窟地藏造像的考察與研究，石建剛、楊軍，敦煌研究，2018 年第 6 期。

3260. 延安地區宋金石窟典型造像，張華、王蕾，收藏，2018 年第 5 期。

3261. 延安宋金石窟玄奘取經圖像考察——兼論宋金夏元時期玄奘取經圖像的流變，石建剛、楊軍，西夏學（第十五輯），甘肅文化出版社，2017 年。
3262. 延安清涼山萬佛洞造像研究，毛一銘，浙江大學碩士學位論文，2019 年。
3263. 不二寺佛教造像研究，董曉煒，山西大學碩士學位論文，2019 年。
3264. 山東臨朐豹子崮石佛堂歪頭崮佛教造像，宮德傑，中原文物，2016 年第 4 期。
3265. 吉縣掛甲山金代淺浮雕佛教圖像分析，李秋紅，文物世界，2016 年第 3 期。
3266. 首爾崇實大學教會博物館藏「聖母像」考，袁泉，文物，2017 年第 8 期。
3267. 《金藏》雕造諸問題新考，陳浩東，法音，2018 年第 3 期。
3268. 湮滅之人與其不朽之業：在女真金代佔領下的中國北方刊印《趙城藏》，張德偉、趙凌雲，漢語佛學評論（第六輯），上海古籍出版社，2018 年。
3269. 《趙城金藏》的刊刻與崔法珍的歷史貢獻，周峰，法音，2019 年第 12 期。
3270. 孤本秘籍——《趙城金藏》，趙國香、棠梨，奇妙博物館，2020 年第 6 期。
3271. 《趙城金藏》扉畫新探，王一君、趙改萍，文物世界，2017 年第 4 期。
3272. 《趙城金藏》的發現及其現代意義，段建鳳，文物世界，2016 年第 4 期。
3273. 國寶《趙城金藏》轉運長治始末，郭存亭，文史月刊，2017 年第 4 期。
3274. 力空法師與《趙城金藏》——以國家圖書館所藏檔案為中心，楊學勇、林世田，中國佛學（總第 43 期），社會科學文獻出版社，2018 年。
3275. 救護《趙城金藏》始末，李萬里，文獻，2019 年第 2 期。
3276. 《趙城金藏》四年時間藏在沁源一煤窯，吳修明、劉玲，三晉都市報，2019 年 7 月 19 日 A07 版。
3277. 金代「國師」獻疑，王德朋，歷史教學（下半月刊），2020 年第 6 期。
3278. 敘事視域下金代塔銘中的高僧角色，孫宏哲，內蒙古民族大學學報（社會科學版），2017 年第 3 期。
3279. 雪菴：金元高僧一代文宗，釋耀淨，中國佛學，2017 年第 1 期。
3280. 白瀑寺禪師史蹟考——以金元時期為範圍，宣立品，北京文博文叢，2017 年第 3 輯。

3281. 宋金元五臺山僧官考——以碑刻題銜為中心，馮大北，五臺山研究，2019 年第 2 期。

（四）道教

3282. 道教與遼朝政權合法性的構建，尤李，中國史研究，2020 年第 1 期。

3283. 金代の道教：「新道教」を越えて（金・女真の歷史とユーラシア東方；金代の社會・文化・言語），松下道信，アジア遊學（233），2019 年 4 月。

3284. 茶と道教修行：宋金內丹家の考える茶の功罪（高橋忠彥教授・高橋久子教授 退職記念號；高橋忠彥教授退職記念論文），橫手裕，學芸國語國文學（50），2018 年 3 月。

3285. 金元時期山西道派研究，王永永，山西師範大學碩士學位論文，2018 年。

3286. 金元時期大同地區道教發展概述，何琨、劉美云，山西大同大學學報（社會科學版），2017 年第 5 期。

3287. 論道教、佛教文化在金上京地區的傳播，王法，文化創新比較研究，2017 年第 30 期。

3288. 金朝上京地區道教研究，龐嘉敏，哈爾濱師範大學碩士學位論文，2020 年。

3289. 金元時期山西長治地區全真道教尋蹤，劉康樂，中國道教，2020 年第 1 期。

3290. 金朝道教「真元派」再考，山田俊，熊本県立大學文學部紀要（24 卷 77 期），2018 年 2 月。

3291. 金元大道教史續考——從一宗著名公案說起，趙建勇，世界宗教研究，2016 年第 1 期。

3292. 金元大道教史新考，趙建勇，世界宗教研究，2017 年第 6 期。

3293. 金元大道教史新考，趙建勇，道教學刊，2018 年第 2 期。

3294. 歷史、文化與權力視野中的太一道，楊亮，河南科技學院學報（社會科學版），2018 年第 9 期。

3295. 太一教二代教主嗣教及教派分合考證，宋福利，新鄉學院學報，2016 年第 1 期。

3296. 全真文化的內涵及其當代價值，劉迎，唐都學刊，2018 年第 4 期。

3297. 論金元全真道的神仙譜系，李遠國，全真道研究，2018年第1期。
3298. 金元全真教對道教神仙譜系的繼承與突破，宋學立，世界宗教文化，2020年第4期。
3299. 金元全真道神仙體系中「六御」身份考，耿紀朋，全真道研究，2018年第1期。
3300. 早期全真道的醮儀度亡及其社會功能初探，周建強，華夏文化，2018年第4期。
3301. 金元時期全真道與王權關係研究，楊東魁，河南大學碩士學位論文，2019年。
3302. 金元全真道功行思想研究，楊大龍，河南大學碩士學位論文，2019年。
3303. 金元全真道的戒學思想及戒律傳授，高麗楊，中國道教，2019年第12期。
3304. 「性靈」理論與金元時期性靈思想，蔣振華、陳衛才，中州學刊，2019年第8期。
3305. 金元時期新道教的農學思想考論，譚清華，安徽農業大學學報（社會科學版），2017年第2期。
3306. 金代全真教維護孝道教化，孫凌晨，中國社會科學報，2017年5月25日第8版。
3307. 早期全真道孝道思想研究，王汗青，山東大學碩士學位論文，2020年。
3308. 全真教與金末儒學重估思潮，劉成群，宗教學研究，2017年第1期。
3309. 從張載的「天人合一」到王重陽的「性命雙修」——兼論「儒道互補」在關學與全真道之間的退守與堅持，李山峰、丁為祥，陝西師範大學學報（哲學社會科學版），2020年第5期。
3310. 王重陽入道時間及早期道號考，宋福利，新鄉學院學報，2018年第2期。
3311. 王重陽入道東行等事蹟辨析，韓占剛，宗教學研究，2020年第1期。
3312. 試論王重陽對時代精神的融攝與金元全真旨趣的形成，高麗楊，中華文化論壇，2018年第9期。
3313. 王重陽詩歌校注，宣融融，廣西大學碩士學位論文，2017年。
3314. 仙風道骨映萬世 懲惡揚善送吉祥——傳王重陽繪《呂聖祖像》探析，劉新崗，衡水學院學報，2020年第3期。

3315. 馬鈺清淨無為修道哲學思想探析，王曉真、劉偉，人文天下，2018 年第 7 期。
3316. 論馬鈺在關中的修道與傳教生活，梁淑芳，全真道研究（第六輯），齊魯書社，2017 年。
3317. 王處一生平思想研究，魏淼，山東師範大學碩士學位論文，2017 年。
3318. 侯善淵思想淺析，山田俊，中國本土宗教研究（第一輯），社會科學文獻出版社，2018 年。
3319. 金元時期山西全真道士研究，姚幸祺，山西師範大學碩士學位論文，2016 年。
3320. 金元全真派高道甘肅隴東傳道事蹟考述，吳華鋒，甘肅廣播電視大學學報，2018 年第 6 期。
3321. 金代西京玉虛觀宗主閻德源考，汪桂平，中國道教，2020 年第 2 期。
3322. 全真道士王吉昌與劉志淵考——兼論張伯端對金代元初全真教的影響，白如祥，宗教學研究，2020 年第 1 期.
3323. 試論金元全真高道辭世頌的史學價值和文學價值，吳光正，武漢大學學報（人文科學版），2017 年第 3 期。
3324. 從傳記到傳奇：金元全真仙傳的歷史書寫及仙化傾向，秦國帥，道教學刊（2019 年第 2 輯總第 4 期），社會科學文獻出版社，2019 年。
3325. 仙道文化的革新與昇華——論金元詩詞的內丹心性學說，郭中華、張震英，中華文化論壇，2017 年第 4 期。
3326. 宋金磚雕墓中的全真道教——從晉南宋金磚雕墓戲臺的位置談起，張麗潔，文物世界，2018 年第 3 期。
3327. 錢穆論全真教——以《金元統治下之新道教》為探索中心，梁淑芳，全真道研究，2018 年第 1 期。

（五）伊斯蘭教

3328. 遼、金、元時期伊斯蘭教在蒙古地區傳播初探，馬寧，內蒙古統戰理論研究，2016 年第 4 期。
3329. 融合的限度—宋遼金境內的穆斯林問題研究，高俐，中國社會科學院研究生院碩士學位論文，2017 年。

十三、醫　學

（一）遼代

3330. 遼代宮廷醫事活動研究，李浩楠，衡水學院學報，2016 年第 6 期。
3331. 《遼史》所記「善醫」官員及其仕進，李進欣，遼寧工程技術大學學報（社會科學版），2016 年第 4 期。
3332. 遼代存目醫籍考，楊向真，中華醫史雜誌，2018 年第 1 期。
3333. 遼代醫藥及相關問題述論，李月新，赤峰學院學報（漢文哲學社會科學版），2020 年第 5 期。
3334. 前藏蒙醫學時代的北方民族醫療——以契丹民族醫療為中心，王建磊，蘭州大學碩士學位論文，2017 年。

（二）金代

3335. 金代醫藥述論，張敏、佘廣宇，赤峰學院學報（漢文哲學社會科學版），2020 年第 6 期。
3336. 儒學嬗變對金元後中醫理論發展的影響，郭彥麟、任北大、王瀧、孫鈺、陳東梅，中醫藥文化，2017 年第 3 期。
3337. 再論理學與金代醫學崛起之關聯，程佩、胡素敏、沈秋蓮、熊鳴琴，醫學爭鳴，2020 年第 5 期。
3338. 金元醫家竇漢卿與道家關係探討，李寶金、李桃花，中國針灸，2020 年第 2 期。

3339. 術以醫名行以儒——《二妙集》中儒學與醫道關係初探，王安吉、寧水龍，運城學院學報，2020 年第 1 期。

3340. 東洋醫學各家學說講座（第 6 回）宋·金元時代における中國醫學の発展（1）方書を中心に，喻靜、田中耕一郎、板倉英俊、奈良和彥、千葉浩輝、三室洋，漢方研究（581），2020 年 5 月。

3341. 東洋醫學各家學說講座（第 7 回）宋·金元時代における中國醫學の発展（2）本草書を中心に，喻靜、田中耕一郎、板倉英俊、奈良和彥、千葉浩輝、三室洋，漢方研究（585），2020 年 9 月。

3342. 元代三皇廟與宋金元醫學發展，范家偉，漢學研究（第 34 卷），2016 年。

3343. 《素問玄機原病式》「亢害承制」理論的臨床意義，張業、陳霞波、周開、唐可偉、王暉，浙江中醫雜誌，2016 年第 4 期。

3344. 宋金元時期頭痛診療思想分析，滕飛、石岩，中國中醫基礎醫學雜誌，2016 年第 12 期。

3345. 金元時期中醫不同學術流派頭痛診療學術思想探析，沈敏、黃金科、郭蔚馳、李慧，安徽中醫藥大學學報，2019 年第 6 期。

3346. 金元四大家養生思想研究概況，梁潤英、馬小豔，中國中醫藥現代遠程教育，2017 年第 4 期。

3347. 宋金元時期中醫運動養生技法研究，董博，遼寧中醫藥大學碩士學位論文，2019 年。

3348. 宋金元時期老年養生思想及對現代老年養生的啟示，席鵬飛、南金妮、何倩、孟靜岩，吉林中醫藥，2016 年第 9 期。

3349. 基於中華醫典對宋金元時期醫家治療胃痛用藥的規律整理，謝英峰，廣州中醫藥大學博士學位論文，2017 年。

3350. 金元四大家醫易會通探析，王勇、吳世彩，中國中醫基礎醫學雜誌，2017 年第 8 期。

3351. 金元時期脾胃學說相關理論的研究，王家琪、王彩霞，中國老年學雜誌，2017 年第 15 期。

3352. 從寒溫之爭論述傷寒、溫病的學術研究概況，潘冰，中國鄉村醫藥，2018 年第 21 期。

3353. 自然因素對宋金元時期溫病理論發展的影響，陳磊、李海燕、嚴世芸，江蘇中醫藥，2019 年第 6 期。

3354. 金元四大家從「火」論消渴病機理論研究，王仁和、石岩，遼寧中醫雜誌，2018 年第 8 期。

3355. 金元四大家消渴類方藥分析之新見，吳清原、郝征，天津中醫藥，2018 年第 1 期。

3356. 宋金元時期兒科學成就與特點研究，壽松亭，北京中醫藥大學碩士學位論文，2018 年。

3357. 宋金元時期失眠中醫病因病機的研究，王義安，長春中醫藥大學碩士學位論文，2018 年。

3358. 金元時期中醫古籍腫瘤防治認知源流述要，孫靜宜、李泉旺、胡凱文、花寶金、朴炳奎、龐博，北京中醫藥，2018 年第 12 期。

3359. 金元四大家論治痞滿特點淺析，陳俊良、趙雲燕，河北中醫，2018 年第 5 期。

3360. 金元四大家從氣機論治水腫思路探析，舒瑩映，劉燕紅，江蘇中醫藥，2018 年第 7 期。

3361. 淺談金元四大家針刺治療「上火」，朱星瑜、王曾、高良云、范永升，浙江中醫雜誌，2019 年第 12 期。

3362. 金元以後中醫外科內治總則源流考證，石志強、常曉丹，長春中醫藥大學學報，2019 年第 6 期。

3363. 宋金元時期中醫痹病證治特色探析，文彬、孫海濤、賀松其，新中醫，2019 年第 12 期。

3364. 淺談田代三喜對金元時期李朱學說的傳播及影響，彭紅葉、趙力、譚萌、王菁、宋佳，環球中醫藥，2019 年第 10 期。

3365. 關於金元以前臟腑辯證理論及體系建立的探析，任北大、雷超芳、紀雯婷、穆傑、杜欣，環球中醫藥，2019 年第 8 期。

3366. 金元四大家對月經病的診療特色，王君敏、王雪嬌、姜東海、王鵬，中醫藥臨床雜誌，2019 年第 5 期。

3367. 「王道醫學」的淵源及其證治特色，余瀛鼇，天津中醫藥，2019 年第 1 期。

3368. 金元醫家鬱火理論匯通，殷鳴、金釗、張琦，中國中醫基礎醫學雜誌，2020 年第 11 期。
3369. 金元四大家論治厥證，楊濤、沈劼，中國中醫急症，2020 年第 10 期。
3370. 金元醫家藥性理論探析，史偉、孫東雪，上海中醫藥大學學報，2017 年第 4 期。
3371. 唐宋金元「標本中氣」研究，石舒尹、王興伊，中國中醫基礎醫學雜誌，2017 年第 2 期。
3372. 金元四大家治咳思想淺析，孫錦程、陳仁壽，時珍國醫國藥，2017 年第 4 期。
3373. 讀經典有感：金元四大家對於泄瀉的論治，馬亦苑、陳天然，中醫臨床研究，2017 年第 28 期。
3374. 金元時期中醫黃疸證治研究，蘇予辰，廣州中醫藥大學碩士學位論文，2016 年。
3375. 金元時期補益方劑組方結構與配伍規律的研究，趙潔，南京中醫藥大學碩士學位論文，2016 年。
3376. 羌防劑：宋金元時代解表方劑的創新，李德順，湖北中醫藥大學學報，2018 年第 6 期。
3377. 金元時期（1115～1368）情志病案整理研究，李婷，黑龍江中醫藥大學碩士學位論文，2016 年。
3378. 金代醫者研究，李進欣，渤海大學碩士學位論文，2018 年。
3379. 金代醫者及其類型，李進欣，遼寧工程技術大學學報（社會科學版），2016 年第 5 期。
3380. 馬丹陽及天星十二穴，張永臣、張學成、韓濤、湯繼芹，山東中醫藥大學學報，2016 年第 4 期。
3381. 楊雲翼醫事，段逸山，上海中醫藥雜誌，2019 年第 8 期。
3382. 成無己里籍考，袁恒勇、孫玉霞、谷萬里、李登嶺、逯偉哲，中醫文獻雜誌，2020 年第 4 期。
3383. 成無己事蹟及其著作追蹤，錢超塵，中醫學報，2019 年第 10 期。
3384. 推崇成無己精神弘揚中醫藥文化，郭國，現代養生（下半月版），2019 年第 5 期。

3385. 李東垣學術思想及其現代運用探討，劉彥妍、任永朋、華瓊、李培旭，中醫研究，2020 年第 11 期。
3386. 李東垣學術思想及其用藥規律探析，袁利梅、李榮立、張曉娜、孫玉信，中醫研究，2020 年第 11 期。
3387. 壬辰之變對李東垣身份、地位及學術思想的影響，李玉清，醫學與哲學（A），2017 年第 3 期。
3388. 金代醫學家李東垣的養生觀，白素菊，長壽，2018 年第 6 期。
3389. 金代醫學家李東垣的養生觀，白素菊，益壽寶典，2018 年第 24 期。
3390. 李杲對《難經》「子能令母實」的應用淺析，張弘、周計春，教育教學論壇，2019 年第 46 期。
3391. 李杲對眼病病因病機的認識，張弘、周計春、董尚朴，中國中醫藥現代遠程教育，2019 年第 4 期。
3392. 基於《蘭室秘藏・痔漏門》探析李東垣治痔學術思想，汪偉、張佳樂、侯勇，浙江中醫藥大學學報，2017 年第 1 期。
3393. 李東垣的針灸學術思想初探，趙奕，新中醫，2017 年第 10 期。
3394. 李東垣治喘學術思想研究，宋元澤，廣州中醫藥大學博士學位論文，2017 年。
3395. 淺析東垣陰火論，姚軍、肖劉成、陳禧音、謝雪姣，中國中醫藥現代遠程教育，2020 年第 7 期。
3396. 基於李東垣「陰火論」治療痛風性關節炎經驗解析，段豔蕊、李琦，環球中醫藥，2020 年第 12 期。
3397. 李東垣「風藥健脾」治法探析，祁勇，光明中醫，2019 年第 19 期。
3398. 李東垣「陰火」病機探討，袁創基，醫藥前沿，2019 年第 20 期。
3399. 李東垣伍用黃芪人參之經驗探析，張東偉、楊關林、趙宏月，遼寧中醫雜誌，2019 年第 5 期。
3400. 金元四大家——劉完素，甄雪燕，中國衛生，2018 年第 6 期。
3401. 劉完素開通玄府法在診治疾病中的應用，張再康、蓋紅肖，中醫藥學報，2018 年第 2 期。
3402. 劉完素玄府學說的繼承與發展，蓋紅肖、張再康，中醫藥學報，2017 年第 6 期。

3403. 劉完素建構在玄府學說下的脾胃觀，劉瓊、陶春暉，中國中醫基礎醫學雜誌，2019 年第 9 期。

3404. 劉完素陽鬱論治思想探析，侯獻兵、王麗偉、張偉、趙輝、閆文娜，北京中醫藥，2016 年第 8 期。

3405. 劉完素對《傷寒論》學術思想的繼承與發展研究，宋文鑫，北京中醫藥大學碩士學位論文，2016 年。

3406. 論劉河間「火熱論」核心思想及其對金元四大家形成的影響，鮑建敏、呂萍、陳震萍、牟重臨，新中醫，2020 年第 3 期。

3407. 從寒涼到溫補——河間一脈學術思想流變研究，葉青，光明中醫，2018 年第 7 期。

3408. 劉完素與張錫純論治中風病的學術特色，白惠敏、戚功玉、胡一舟，陝西中醫藥大學學報，2019 年第 3 期。

3409. 劉完素火熱論學術思想的形成與發展研究，劉帆、魏鳳琴，北京中醫藥大學學報，2020 年第 1 期。

3410. 劉完素治濕別論，楊振弢、許峰巍、彭瑩瑩、卜志超、孟靜岩，天津中醫藥，2020 年第 4 期。

3411. 張元素臟腑標本用藥學術思想研究，陳靚，北京中醫藥大學碩士學位論文，2016 年。

3412. 張元素「養正積自除」的內涵及其臨床應用，陳靚、陳東梅、任北大、王瀧、郭彥麟，環球中醫藥，2016 年第 4 期。

3413. 張元素譴藥制方論形成的理論淵源，翟金海、陳蘭、花海兵，長春中醫藥大學學報，2017 年第 2 期。

3414. 張元素對五臟苦欲補瀉理論的發揮，任北大、陳靚、吳昊天、張保春，陝西中醫藥大學學報，2017 年第 1 期。

3415. 張元素修訂本《五藏論》辨偽，田永衍、吳大洲，敦煌學輯刊，2017 年第 2 期。

3416. 張元素《醫學啟源》的脾胃觀探討，李付平、董尚朴、張秀芬、徐昭娟、王喜梅、李會敏、白建英，上海中醫藥雜誌，2017 年第 12 期。

3417. 張元素「自為家法」思想探析，范忠星、董尚朴、周計春，中華中醫藥雜誌，2019 年第 10 期。

3418. 張元素六氣主病思想初探，郭雨晴、李媛媛、周文婷、王新宇、翁潔瓊，中醫學報，2019 年第 7 期。

3419. 解析張元素的藏象觀特點及其文化背景，劉芸、孫相如、何清湖、陳小平、嚴暄暄，中醫文獻雜誌，2020 年第 4 期。

3420. 張元素腎臟證候特點研究，郭雨晴，中國中醫科學院碩士學位論文，2020 年。

3421. 王好古師從張元素質疑，于淼、張慧康、周計春，北京中醫藥大學學報，2020 年第 3 期。

3422. 張從正疑難雜症論治特色，汪琳、丁子惠、李萍，吉林中醫藥，2020 年第 11 期。

3423. 金元醫家張從正刺血療法探析，張永臣、賈紅玲、張學成，山東中醫藥大學學報，2017 年第 1 期。

3424. 張子和攻邪論學術思想研究，鄭越，北京中醫藥大學碩士學位論文，2017 年。

3425. 古代心理療法兩位大家——朱丹溪、張子和，廉潔，中國保健食品，2019 年第 6 期。

3426. 張從正四方行醫創立「攻下派」，卜俊成，中國中醫藥報，2017 年 4 月 21 日第 8 版。

3427. 「用情高手」張從正 攻下祛邪正自安，柴玉、張英棟，中醫健康養生，2019 年第 4 期。

3428. 張從正攻邪理論指導蛇串瘡治療探析，李響、張豐川，中國中醫基礎醫學雜誌，2017 年第 2 期。

3429. 張子和針灸應用淺析，鄭越、趙豔，中醫文獻雜誌，2017 年第 1 期。

3430. 《儒門事親》情志療法與現代心理學的比較，孟悅、桑珠，西藏醫藥，2018 年第 3 期。

3431. 張子和《儒門事親》針藥並用思想淺析，余雪、朱永政、張洪芳、張聰、張永臣，天津中醫藥，2017 年第 4 期。

3432. 《儒門事親》汗吐下理論特色研究，馬丹、傅海燕，中國中醫基礎醫學雜誌，2017 年第 10 期。

3433. 從《儒門事親》論吐法的理論及其臨床應用，詹圓，廣西中醫藥大學碩士學位論文，2017 年。

3434. 張子和《儒門事親》與永富獨嘯庵《吐方考》中吐法比較研究，侯耀陽、劉春暉、朱雪瑩、管津智，中醫研究，2019 年第 1 期。

3435. 《儒門事親》所論濕熱源流簡析，許建秦、焦振廉、郭姣，中醫文獻雜誌，2019 年第 4 期。

3436. 也論金末汴京大疫的誘因與性質，王星光、鄭言午，歷史研究，2019 年第 1 期。

3437. 800 年前，汴京城的那一場瘟疫，王莆蕖，課堂內外（作文獨唱團），2020 年第 4 期。

十四、歷史地理

（一）概論

3438. 「松漠」考——兼論契丹起源地，李鵬，北方文物，2017 年第 1 期。
3439. 遼代「女真鴨淥江東數百里地」考，王玨，遼寧工程技術大學學報（社會科學版），2017 年第 4 期。
3440. 遼代城市的興起與發展，何一民、陸雨思，西南民族大學學報（人文社科版），2017 年第 6 期。
3441. 中國北方草原に於ける遼代の城郭都市の構造について：近年の踏查成果を踏まえて，高橋學而，七隈史學（19），2017 年。
3442. 遼宋金時期京津冀地區城市空間形態與群體格局，王茂華、王曾瑜，河南師範大學學報（哲學社會科學版），2018 年第 6 期。
3443. 遼朝的城「坊」與城市管理——以石刻文字為中心，張國慶，契丹學研究（第一輯），商務印書館，2019 年。

（二）地方行政建置

3444. 遼代道級行政區劃研究，張韜，吉林大學博士學位論文，2016 年。
3445. 遼代「道」制辨析，何天明，契丹學研究（第一輯），商務印書館，2019 年。
3446. 遼末金初黑龍江流域地方行政體制研究，張玉東，黑龍江大學碩士學位論文，2017 年。

3447. 金元州治城市司候司行政管理機構及其演變，韓光輝、王洪波、劉偉國，北京史學論叢（2015），群言出版社，2016 年。
3448. 略述遼代上京地道區州縣城規模，王明蓀，遼金史論集（第十四輯），中國社會科學出版社，2016 年。
3449. 考古學視角下的遼中京道建置考補，任冠，故宮博物院院刊，2018 年第 2 期。
3450. 遼代中京道的城市聚落系統，任冠，河南師範大學學報（哲學社會科學版），2018 年第 3 期。
3451. 遼代中京道城市群發展特點評析，王淑蘭，人民論壇，2016 年第 26 期。
3452. 遼南京周邊的政區格局、地名源流及其歷史影響，孫冬虎，國學學刊，2017 年第 3 期。
3453. 遼代黃龍府設置沿革考，孫文政，北方文物，2018 年第 4 期。
3454. 遼代黃龍府的得名，劉偉坤，中國社會科學報，2017 年 5 月 25 日第 8 版。
3455. 「遼興府」存廢鉤沉，孫建權，中國邊疆史地研究，2016 年第 3 期。
3456. 遼代節鎮體制與地方監察，陳俊達、楊軍，江西社會科學，2017 年第 11 期。
3457. 遼代州縣體制的形成及演變，楊軍，學習與探索，2018 年第 1 期。
3458. 試論遼代州縣制的推行與松漠草原城市化，孫國軍、楊福瑞、赤峰學院學報（漢文哲學社會科學版），2017 年第 3 期。
3459. 《遼史・地理志》與《百官志》所載州比較研究，陳俊達，蘭臺世界，2017 年第 19 期。
3460. 《遼史・地理志》載節度州考（上），陳俊達、孫國軍，赤峰學院學報（漢文哲學社會科學版），2017 年第 11 期。
3461. 《遼史・地理志》載節度州考（下），陳俊達、孫國軍，赤峰學院學報（漢文哲學社會科學版），2017 年第 12 期。
3462. 差異與變遷——《亡遼錄》與《遼史・地理志》所載刺史州異同探賾，曹流，中國邊疆史地研究，2020 年第 3 期。
3463. 遼代山西諸州的一體化，武文君、楊軍，古代文明，2019 年第 2 期。
3464. 《遼史・地理志》「武安州」條釋疑，葛華廷，遼金歷史與考古（第九輯），科學出版社，2018 年。

3465. 遼代白川州沿革及其經濟文化發展，任仲書，遼金史論集（第十四輯），中國社會科學出版社，2016年。

3466. 遼代榆州相關問題探究，李進欣，遼寧工程技術大學學報（社會科學版），2017年第5期。

3467. 遼代宜州建置與其特殊地位，任仲書、洪嘉璐，渤海大學學報（哲學社會科學版），2016年第3期。

3468. 遼代宜州建置及其特殊地位，任仲書，遼金史論集（第十五輯），科學出版社，2017年。

3469. 沈州與東丹國，都興智，社會科學戰線，2018年第9期。

3470. 遼代城市的類型、特徵與變遷，康建國、張敏，遼寧工程技術大學學報（社會科學版），2016第4期。

3471. 遼寧昌圖四面城遼、金時期建置考辨，王雷、趙少軍，邊疆考古研究（第20輯），科學出版社，2016年。

3472. 遼金元時期東北地區州縣治所城市的演變，韓光輝、田海、王女英，丙申輿地新論——2016年中國歷史地理學術研討會論文集，東北師範大學出版社，2017年。

3473. 遼代瀋陽曾設樂郊縣，吳限，遼寧日報，2018年3月25日第4版。

3474. 遼代永州所轄三縣考，李鵬，內蒙古民族大學學報（社會科學版），2017年第3期。

3475. 《事林廣記·江北郡縣》與金朝行政區劃研究，周立志，遼金史論集（第十五輯），科學出版社，2017年。

3476. 女真制度的積澱與轉化對金初路制確立的影響，孫佳、陳桃，長春教育學院學報，2018年第1期。

3477. 金朝兵馬都總管府路性質新探——以其安置民戶、督導經濟、平決府州縣的職能為中心，孫佳，東北師大學報（哲學社會科學版），2018年第4期。

3478. 金熙宗以後多重路制的司法分工與互動，孫佳，史學集刊，2018年第4期。

3479. 金代上京路的歷史地位與貢獻，孫文政，理論觀察，2020年第8期。

3480. 金初上京路、咸平路廢罷再探——以《攬轡錄》為中心的探討，馮利營，文物鑒定與鑒賞，2019年第22期。

3481. 淺談《金史》東京路的建置，李剛，遼金歷史與考古（第八輯），科學出版社，2017年。
3482. 金代東京路城鎮研究，王晶，吉林大學碩士學位論文，2017年。
3483. 金代胡里改路史事研究，陳笑竹，哈爾濱師範大學碩士學位論文，2019年。
3484. 金代蒲與路的路屬性質研究，綦岩，東北史研究，2016年第2期。
3485. 金代蒲峪路歷史旅遊價值探析，田丹，陝西學前師範學院學報，2017年第3期。
3486. 金代婆速路探析，吳曉傑，河北北方學院學報（社會科學版），2018年第3期。
3487. 金元之際京兆、安西諸府路沿革發微——兼論金元時期的路制演變，李大海、文史，2017年第3輯。
3488. 金天興元年建置中京行省事考辨，吳尚，蘭臺世界，2019年第5期。
3489. 金元興替之際益都李氏「山東行省」建制考，寧波，隋唐遼宋金元史論叢（第八輯），上海古籍出版社，2018年。
3490. 金代鈞州建制考，徐國恒，許昌學院學報，2018年第9期。
3491. 偽齊滑州升府事辨正，劉康瑞，歷史地理（第三十八輯），上海人民出版社，2018年。
3492. 成吉思汗所攻破的西寧州之考證，張雖旺，黔南民族師範學院學報，2017年第5期。
3493. 「承天軍」沿革設置考，朱亞琳、梁松濤，山西大同大學學報（社會科學版），2020年第4期。
3494. 金代平水縣相關問題考辨，李瓊、仝建平，史志學刊，2018年第4期。

（三）疆域

3495. 試析遼朝的疆域觀，沈一民，西夏學（總第14輯），甘肅文化出版社，2017年。
3496. 遼朝東南邊界的形成過程，孫冬虎，丙申輿地新論——2016 年中國歷史地理學術研討會論文集，東北師範大學出版社，2017年。

（四）都城

3497. 遼金多都制產生原因初探，寇博文，黑龍江民族叢刊，2020年第1期。

3498. 遼朝「五京」互動機制研究，張志勇，渤海大學學報（哲學社會科學版），2020 年第 5 期。

3499. 「四時捺鉢」制度之下的遼朝五京研究，宋筱靜，商業故事，2016 年第 2 期。

3500. 遼五京研究的幾點新見，朱士光，中國古都研究（第三十三輯），陝西師範大學出版社，2017 年。

3501. 遼代五京布局特徵研究，劉晉華，東北師範大學碩士學位論文，2018 年。

3502. 「形式」之都與「移動」之都：遼代都城解讀的一種嘗試，張憲功，中國古都研究（第三十三輯），陝西師範大學出版社，2017 年。

3503. 「形式」之都與「移動」之都：遼代都城解讀的一種嘗試，張憲功，遼金歷史與考古（第十輯），科學出版社，2019 年。

3504. 遼五京：理解遼朝地方制度關鍵——訪中國社會科學院歷史研究所副研究員康鵬，本期獨家報導小組整理，中國社會科學報，2016 年 9 月 23 日第 6 版。

3505. 馬衛集書中的契丹「都城」——兼談遼代東西交通路線，康鵬，民族研究，2017 年第 2 期。

3506. 遼上京規制和北宋東京模式，董新林，考古，2019 年第 5 期。

3507. 在「十至十二世紀東亞都城和帝陵考古與契丹遼文化國際學術研討會」開幕式上的講話——遼上京和祖陵是中國古代都城帝陵的重要組成部分，徐光冀，東亞都城和帝陵考古與契丹遼文化國際學術研討會論文集，科學出版社，2016 年。

3508. 遼上京和遼中京之政治地位，劉鳳翥，東亞都城和帝陵考古與契丹遼文化國際學術研討會論文集，科學出版社，2016 年。

3509. 試論遼代都城之朝向——以遼上京和遼中京為例，孫晨，文物鑒定與鑒賞，2019 年第 6 期。

3510. 關於遼上京城營建的幾點淺見，葛華廷，遼金歷史與考古（第十輯），科學出版社，2019 年。

3511. 遼都城上京的興建背景和歷史地位，張碩，理論與創新，2019 年第 6 期。

3512. 遼上京城內布局及其規劃思想分析，張悅，內蒙古師範大學碩士學位論文，2019 年。

3513. 遼上京城布局探討與推想——基於重要建築與城門、城牆形制，宋鴿、鞏玉發，建築與文化，2017 年第 11 期。
3514. 遼上京，楊昆，國家人文歷史，2017 年第 20 期。
3515. 上京臨潢府大遼初興的見證，郭曄旻，國家人文歷史，2017 年第 20 期。
3516. 從遼上京、遼中京的選址和規劃建制看中華建築文化的傳承與融合，楊學軍，中國古都研究（第三十三輯），陝西師範大學出版社，2017 年。
3517. 尋訪遼上京，本期獨家報導小組，中國社會科學報，2016 年 9 月 23 日第 4 版。
3518. 做好遼上京遼祖陵申遺大文章，李倩，內蒙古日報（漢），2016 年 10 月 14 日第 11 版。
3519. 遼上京城址布局沿革的考古新探索，董新林、汪盈，揚州城考古學術研討會論文集，科學出版社，2016 年。
3520. 遼都城上京興建的背景和歷史地位，李政，學理論，2016 年第 2 期。
3521. 宋使所記遼中京形制小考，常鈺熙，文物，2020 年第 3 期。
3522. 遼上京遺址城牆夯土成分及性能研究，水碧紋、張韻、殷志媛，內蒙古農業大學學報（自然科學版），2016 年第 2 期。
3523. 遼中京建立原因探析，孫危、戎天祐，史志學刊，2016 年第 2 期。
3524. 遼中京城的形制與沿革研究，任冠，內蒙古社會科學（漢文版），2018 年第 2 期。
3525. 遼中京大定府的建設與空間構造——11 至 13 世紀東亞都城史研究的可能性，久保田和男，十至十三世紀東亞史的新可能性：首屆中日青年學者遼宋西夏金元史研討會論文集，中西書局，2018 年。
3526. 遼聖宗與遼中京，吳鳳霞，中國古都研究（第三十三輯），陝西師範大學出版社，2017 年。
3527. 「東京」遼陽與中原來往密切，張曉麗，遼寧日報，2018 年 8 月 16 日 T11 版。
3528. 三京遺韻今猶存——探訪遼南京西京東京遺跡，本期獨家報導小組，中國社會科學報，2016 年 9 月 23 日第 6 版。
3529. 淺談遼升幽州（北京）為陪都的原因及影響，何海平，首都博物館論叢（第 33 輯），北京燕山出版社，2019 年。

3530. 金代の城郭都市（金・女真の歴史とユーラシア東方；金代の遺跡と文物），臼杵勲，アジア遊學（233），2019年4月。
3531. 金上京的考古學研究——歷程・現狀與思考，趙永軍，東亞都城和帝陵考古與契丹遼文化國際學術研討會論文集，科學出版社，2016年。
3532. 金上京の考古學研究（金・女真の歴史とユーラシア東方；金代の遺跡と文物），趙永軍著，古松崇志訳，アジア遊學（233），2019年4月。
3533. 金上京的興與衰，周喜峰，奮鬥，2019年第5期。
3534. 金上京城歷史沿革及形制特點，劉冠纓，學問，2016年第5期。
3535. 金初上京新城瑣議，葛華廷，遼金歷史與考古（第九輯），科學出版社，2018年。
3536. 關於哈爾濱城建起點問題的思考，齊心、高凱軍，東北史研究，2016年第2期。
3537. 金上京——一段歷史一段傳奇，雷怡安，一帶一路報導（中英文），2020年第4期。
3538. 金上京城研究與民族文化旅遊價值，王天姿，黑龍江民族叢刊，2020年第1期。
3539. 金中都，洪燭、李陽泉，北京規劃建設，2019年第2期。
3540. 北京的建都開端——關於金中都定都的歷史考察，李肇豪，文物鑒定與鑒賞，2019年第12期。
3541. 金中都 北京城建都之始，謝環環，百科知識，2016年第2期。
3542. 建都序曲——金中都，吳文濤，前線，2018年第1期。
3543. 歷史為什麼選擇金中都——簡論金中都的歷史地位及作用，吳文濤，北京史學論叢（2015），群言出版社，2016年。
3544. 遼南京與金中都的中原文化情結，靳寶，北京史學論叢（2015），群言出版社，2016年。
3545. 金朝における上京會寧府から中都大興府への遷都と都城空間の變化，久保田和男，史滴（39），2017年12月。
3546. 金の中都（金・女真の歴史とユーラシア東方；金代の遺跡と文物），渡辺健哉，アジア遊學（233），2019年4月。
3547. 北京都城水系格局的奠基與肇始：金中都時期的開源濟漕，吳文濤，北京史學論叢（2017），社會科學文獻出版社，2018年。

3548. 廣衢連城墉 金中都的街巷與城垣，侯海洋，北京日報，2018 年 9 月 20 日第 17 版。
3549. 金代永安析津府考，顧宏義，中華文史論叢，2017 年第 4 期。
3550. 金中都萬寧宮與明清故宮，景愛，地域文化研究，2017 年第 1 期。
3551. 讀景與循構：金中都歷史景觀的整體感知與保護，張劍葳、戎卿文，建築學報，2020 年第 9 期。
3552. 金代汴京後苑園林對北宋東京後苑園林的嬗變研究，唐潔芳、李帥、蘇金樂，工業建築，2020 年第 11 期。
3553. 大元ウルスの都城空間と王権儀禮をめぐって―宋遼金都城と元大都の比較史的研究の試み，久保田和男，長野工業高等專門學校紀要（53），2019 年 6 月。
3554. 汴京與燕京：南宋使金文人筆下的「雙城記」，王昊，中國高校社會科學，2016 年第 2 期。

（五）城址

3555. 淺談歷史時期地方性城市遺址的規劃利用問題——以吉林省遼金時期城址為例，吳敬，學問，2016 年第 6 期。
3556. 論遼金元時期朝陽地區城市群的形成及其城市經濟的發展，徐效慧、張桂鳳，遼寧師專學報（社會科學版），2017 年第 2 期。
3557. GIS 支持下遼上京周邊地區城址分布問題研究，許瀟婧，赤峰學院學報（漢文哲學社會科學版），2019 年第 12 期。
3558. 遼朝奉陵邑初探，孫偉祥、高福順，古代文明，2016 年第 1 期。
3559. 遼代永州、王子城、龍化州與木葉山通考，李鵬，內蒙古民族大學學報（社會科學版），2016 年第 6 期。
3560. 遼代降聖州、永安縣及龍化縣考，李鵬、張憲功，中國歷史地理論叢，2018 年第 1 期。
3561. 遼代烏州考——兼論契丹早期的族源之辯，李鵬，黑龍江民族叢刊，2017 年第 3 期。
3562. 遼代龍化州研究，孫健，內蒙古民族大學碩士學位論文，2019 年。
3563. 福巨古城調查研究，孫健，文存閱刊，2019 年第 4 期。

3564. 內蒙古開魯縣遼墓發現的墨書題記與遼之龍化州，連吉林，遼金史論集（第十七輯），中國社會科學出版社，2019 年。
3565. 龍化州地望考，李鵬，遼金史論集（第十七輯），中國社會科學出版社，2019 年。
3566. 遼初龍化州瑣議，宋立恒、遲浩然，遼金史論集（第十七輯），中國社會科學出版社，2019 年。
3567. 內蒙古開魯縣遼墓發現的墨書題記與遼之龍化州，連吉林，北方文物，2019 年第 2 期。
3568. 內蒙古開魯縣發現遼代琉璃磚皇族墓葬——遼太祖「私城」龍化州城址位置基本確定，連吉林，契丹學研究（第一輯），商務印書館，2019 年。
3569. 內蒙古通遼市科左中旗蘇尼吐城址調查報告，李鵬，東北史地，2016 年第 1 期。
3570. 內蒙古自治區通遼市扎魯特旗所在の遼代譽州故城について，高橋學而、中尾幸一，神戶市立工業高等專門學校研究紀要（56），2018 年 3 月。
3571. 遼代鎮州城地理位置考辨，宋國棟，內蒙古社會科學（漢文版），2017 年第 1 期。
3572. 遼代榮州考，周向永、胡榮繁，遼金史論集（第十四輯），中國社會科學出版社，2016 年。
3573. 遼代興州考，周向永，遼金史論集（第十六輯），黑龍江人民出版社，2017 年。
3574. 遼代祺州城建在康平，傅淞巍，遼寧日報，2018 年 3 月 29 日第 13 版。
3575. 遼國「蕭氏后族」法庫建立州城，邱宏，瀋陽日報，2017 年 7 月 28 日 T07 版。
3576. 鐵嶺境內遼代州城設立的環境依據研究，劉愛豐、張劍，遼寧省博物館館刊（2015），遼海出版社，2016 年。
3577. 鐵嶺境內遼代州城設立的環境依據研究，劉愛豐、張劍，遼金歷史與考古（第八輯），科學出版社，2017 年。
3578. 昌圖四面城遺址為遼代安州城，郭平，遼寧日報，2017 年 10 月 12 日第 13 版。

3579. 北宋徽欽二帝曾在此地羈押兩年，郭平，遼寧日報，2017 年 12 月 8 日第 14 版。
3580. 遼寧朝陽「安晉城」略考，杜曉紅、宋豔偉，遼金歷史與考古（第十輯），科學出版社，2019 年。
3581. 朝陽縣「烏蘭黃道遺址」為「安晉城」考，陳守義，遼金歷史與考古（第十一輯），科學出版社，2020 年。
3582. 遼代建州考，李松海、李道新，遼金歷史與考古（第十輯），科學出版社，2019 年。
3583. 遼代嬪州城故址考，魏耕雲、楊帥，文物鑒定與鑒賞，2017 年第 12 期。
3584. 遼寧地區遼金時期城址初步研究，王雪百，吉林大學碩士學位論文，2018 年。
3585. 關於遼河下流地區遼代州縣城的分布，高橋學而，北方民族考古（第 6 輯），科學出版社，2018 年。
3586. 岔海撓邊春捺鉢——從臥龍湖周邊幾座遼城遺址談起，劉文，遼金歷史與考古（第八輯），科學出版社，2017 年。
3587. 遼朝室韋國王府故城考，孫文政，地域文化研究，2019 年第 6 期。
3588. 遼金時期北唐括部故城考，孫文政、祁麗，齊齊哈爾大學學報（哲學社會科學版），2017 年第 5 期。
3589. 遼寧州城及契丹大賀氏勒得山考證，王成、金海英，文物鑒定與鑒賞，2020 年第 10 期。
3590. 遼代寧江州城考，王東峰，黑龍江史志，2020 年第 4 期。
3591. 吉林省大安市老繆家屯城址調查簡報，趙里萌、孟慶旭、武松、周萍、魏新野，遼金歷史與考古（第十輯），科學出版社，2019 年。
3592. 神秘的四面城，房井岩，中國地名，2019 年第 4 期。
3593. 梨樹縣偏臉城考述，夏宇旭，地域文化研究，2019 年第 5 期。
3594. 吉林省松原市伯都古城的調查——兼論寧江州位置，吉林大學考古學院、吉林省文物考古研究所，邊疆考古研究（第 25 輯），科學出版社，2019 年。
3595. 吉林省洮南市林海城址調查簡報，吉林大學考古學院、吉林省文物考古研究所、白城市博物館，北方文物，2019 年第 3 期。

3596. 哈爾濱城史紀元的再研究（上），王禹浪、王天姿，哈爾濱學院學報，2016 年第 1 期。
3597. 哈爾濱城史紀元的再研究（下），王禹浪、王天姿，哈爾濱學院學報，2016 年第 2 期。
3598. 半拉城考——兼論半拉城與春捺缽的關係，孔令海，遼金史論集（第十四輯），中國社會科學出版社，2016 年。
3599. 金泰州建置沿革簡考，孫文政，東北史地，2016 年第 2 期。
3600. 金泰州建制沿革考，孫文政，遼金史論集（第十四輯），中國社會科學出版社，2016 年。
3601. 塔子城——千年古城話滄桑，周鯤，百科知識，2016 年第 6 期。
3602. 黑龍江省湯原縣雙河古城歷史學研究與考古學觀察，孫文政、祁麗，理論觀察，2016 年第 12 期。
3603. 金代婆速府和來遠城城址考辨，吳曉傑，齊齊哈爾大學學報（哲學社會科學版），2017 年第 9 期。
3604. 略論郝家城子古遺址的現狀與保護，穆笑冰，世紀橋，2019 年第 2 期。
3605. 拉林河流域中古時代的歷史與文化，王禹浪、王立國、翟少芳，渤海大學學報（哲學社會科學版），2019 年第 2 期。
3606. 賽加城址先民的生產經營方式，〔俄〕H.B.列辛科著，楊振福譯，遼金歷史與考古（第十輯），科學出版社，2019 年。
3607. 克東古城遺址建築年代考疑，孫文政，遼金歷史與考古（第八輯），科學出版社，2017 年。
3608. 金代梁魚務考，齊偉，中國邊疆史地研究，2020 年第 2 期。
3609. 金代肇州城考略，呂國明、李學明，大慶社會科學，2020 年第 2 期。
3610. 「五國頭城」略考，李瑩，知識文庫，2016 年第 11 期。
3611. 金代五國城的歷史地位，趙永春，北華大學學報（社會科學版），2019 年第 5 期。
3612. 金代順化營和新市地望考——《鴨江行部志》再釋，張翠敏，遼金史論集（第十六輯），黑龍江人民出版社，2017 年。
3613. 金桓州考，陳耀全，尋根，2018 年第 3 期。
3614. 陰山以北的金元時期城址，魏堅、周雪喬，內蒙古社會科學（漢文版），2019 年第 1 期。

3615. 金代太原城諸衙署因革考，李浩楠，遼金史論集（第十七輯），中國社會科學出版社，2019 年。
3616. 河北省定興縣金代城址調查及其相關問題，王子奇，揚州城考古學術研討會論文集，科學出版社，2016 年。

（六）長城

3617. 遼金時期長城觀念所反映的民族交融特徵，趙鑒鴻、孟凡東，中國民族報，2017 年 5 月 12 日第 8 版。
3618. 遼代古北口的功能，魏帥朋，遼寧工程技術大學學報（社會科學版），2016 第 4 期。
3619. 女真人修築的城牆，（俄）Н.Г.阿爾捷米耶娃著，楊振福譯，遼金歷史與考古（第八輯），科學出版社，2017 年。
3620. 再論吉林省中部老邊崗的性質，孟慶旭、王曉明，中國國家博物館館刊，2020 年第 9 期。
3621. 金代の界壕：長城（金・女真の歴史とユーラシア東方；金代の遺跡と文物），高橋學而，アジア遊學（233），2019 年 4 月。
3622. 內蒙古 在金界壕之上生生不息，田立，文明，2020 年第 5 期。
3623. 金界壕，遺落在草原上的文化印記——內蒙古境內長城系列之二，鄧玉霞，內蒙古日報（漢），2016 年 12 月 2 日第 11 版。
3624. 金王朝修築中國第二道長城——邊堡界壕，劉肅勇，僑園，2017 年第 8 期。
3625. 金界壕與金長城 乾隆皇帝的「考古調查」，馬彥明，大眾考古，2017 年第 1 期。
3626. 試述赤峰地區金界壕的保存現狀及保護對策，張司祺，文化學刊，2017 年第 10 期。
3627. 嶺北金界壕考略，長海，北方民族考古（第 6 輯），科學出版社，2018 年。
3628. 金長城的修建與蒙金關係，祁麗、孫文政，理論觀察，2019 年第 12 期。
3629. 金長城：從「銅牆鐵壁」到前朝故壘，郭潔宇，人民武警報，2020 年 12 月 20 日第 4 版。

3630. 從「銅牆鐵壁」到前朝故壘——金長城在蒙金之戰中的軍事防禦價值芻議，郭潔宇，軍事歷史，2019 年第 4 期。
3631. 金長城管理機構設置沿革考（Ⅰ）：金東北路與臨潢府路，孫文政，河北地質大學學報，2018 年第 2 期。
3632. 金長城管理機構設置沿革考（Ⅱ）：金西北路與西南路，孫文政，河北地質大學學報，2018 年第 3 期。
3633. 認知歷史文化保護金代萬里長城，黃立平、傅惟光，理論觀察，2019 年第 8 期。

（七）山川

3634. 遼宗室郡望漆水郡之「漆水」考，葛華廷，遼金史論集（第十四輯），中國社會科學出版社，2016 年。
3635. 《遼史》中的「土河」「潢水」名稱考，李俊義、孫國軍，遼金史論集（第十六輯），黑龍江人民出版社，2017 年。
3636. 洮兒河南注查干湖記載的新發現，李旭光，遼金歷史與考古（第八輯），科學出版社，2017 年。
3637. 百餘年來關於洮、霍兩河注入查干湖遺跡松嫩兩江與查干湖溝通的文獻與圖輿，李旭光，遼金史論集（第十四輯），中國社會科學出版社，2016 年。
3638. 《安廣縣鄉土志》洮兒河南注查干湖記載之價值，李旭光，學問，2016 年第 5 期。
3639. 徒籠古水有新說，景文璽，東北史研究，2016 年第 2 期。
3640. 鴨子河泊考，趙里萌，邊疆考古研究（第 21 輯），科學出版社，2017 年。
3641. 蕭太后河：北京第一條人工運河，郭欣，北京日報，2017 年 8 月 17 日第 3 版。
3642. 「蕭太后運糧河」考議，陳曉菲，大連大學學報，2019 年第 4 期。
3643. 「運糧河」研究：基於金前期生產力水平的歷史考察，謝永剛、姜寧、閆佳樂，邊疆經濟與文化，2019 年第 3 期。
3644. 金代中都地區運河建設概述，李珮，首都博物館論叢（第 33 輯），北京燕山出版社，2019 年。

3645. 蕭太后河歷史探源及相關文獻辨析，吳文濤，北京史學論叢（2016），中國社會科學出版社，2017 年。
3646. 金元時期北運河河道蠡測——基於樓字村落地名的歷史地理研究，陳喜波，運河學研究（第 1 輯），社會科學文獻出版社，2018 年。
3647. 遼代木葉山地望研究述評，王禹浪、王俊錚，滿族研究，2018 年第 1 期。
3648. 契丹族源與木葉山方位的考古學考辨，張景明、馬宏濱，青海民族研究，2018 年第 3 期。
3649. 遼都故地巴林左旗發現疑似契丹祖山的「木葉山」，李富，赤峰學院學報（漢文哲學社會科學版），2020 年第 5 期。
3650. 木葉山傳說芻議，烏恩，內蒙古師範大學學報（哲學社會科學版），2020 年第 3 期。
3651. 遼之聖山木葉山、陰山、黑山及三者關係瑣考，葛華廷，遼金歷史與考古（第十一輯），科學出版社，2020 年。
3652. 關於遼代契丹人祖山遺跡的看法，姚迪，文物鑒定與鑒賞，2020 年第 7 期。
3653. 契丹始祖出生地通考，王成，中國地名，2020 年第 1 期。
3654. 遼西走廊與遼代醫巫閭山信仰，劉丹，渤海大學學報（哲學社會科學版），2020 年第 6 期。
3655. 遼太祖卓龍眉宮「取三山之勢」之三山考略，葛華廷、王玉亭，遼金歷史與考古（第十輯），科學出版社，2019 年。
3656. 炭山新考（上），張瑞明，貴州政協報，2019 年 8 月 8 日 A03 版。
3657. 炭山新考（下），張瑞明，貴州政協報，2019 年 8 月 9 日 A03 版。

（八）交通

3658. 「可敦墓」考——兼論十一世紀初期契丹與中亞之交通，白玉冬，歷史研究，2017 年第 4 期。
3659. 馬衛集《動物之自然屬性》中的契丹「都城」——兼談遼代的東西交通路線，康鵬，十至十三世紀東亞史的新可能性：首屆中日青年學者遼宋西夏金元史研討會論文集，中西書局，2018 年。
3660. 論遼帝國對漠北蒙古的經略及其對草原絲綢之路的影響，魏志江，社會科學輯刊，2017 年第 3 期。

3661. 論遼帝國對漠北蒙古的經略及其對草原絲綢之路的影響，魏志江，元史及民族與邊疆研究集刊（第三十七輯），上海古籍出版社，2019 年。
3662. 遼代物質文化遺存及其絲路文化因素，唐勝利，赤峰學院學報（漢文哲學社會科學版），2019 年第 8 期。
3663. 遼代和親政策與草原絲綢之路的繁盛，周路星，唐山師範學院學報，2019 年第 2 期。
3664. 遼朝東北亞絲路及其貿易考實，程嘉靜、楊富學。河南師範大學學報（哲學社會科學版），2019 年第 5 期。
3665. 東北亞古代絲綢之路初步研究，王禹浪、王天姿、王俊錚，黑河學院學報，2019 年第 10 期。
3666. 遼金時代東北亞絲綢之路考索，王禹浪、王天姿、王俊錚，石河子大學學報（哲學社會科學版），2019 年第 3 期。
3667. 遼金元時期的草原絲綢之路——兼談內蒙古在當代絲綢之路經濟帶建設中的地位，翟禹，西部發展研究（2015），四川大學出版社，2016 年。
3668. 党項西夏：宋遼與亞歐大陸貿易樞紐，劉肅勇，中國社會科學報，2018 年 7 月 19 日第 8 版。
3669. 西夏與遼朝交通幹線「直路」的開闢與作用，李雪峰、艾沖，甘肅社會科學，2019 年第 6 期。
3670. Textile as Traveller : The Transmission of Inscribed Robes across Asia in the Twelfth through Fourteenth Centuries, Eiren Shea, *Arts Asiatiques*, Vol. 73（2018）.
3671. 遼蕃交通路線變遷簡論，王小傑，學理論，2016 年第 4 期。
3672. 遼代鷹路起點考辨，吳樹國，北方文物，2016 年第 3 期。
3673. 遼代的鷹路與五國部研究，景愛，地域文化研究，2019 年第 1 期。
3674. 遼金時期遼西傍海道地位提升的原因，吳鳳霞，遼金史論集（第十四輯），中國社會科學出版社，2016 年。
3675. 論遼金對遼西走廊交通的經營，邊昊、吳鳳霞，北方文物，2019 年第 4 期。
3676. 遼西走廊在遼代正式形成，盧立業，遼寧日報，2018 年 8 月 16 日 T09 版。

3677. 遼代醫巫閭地區交通路線，武文君，渤海大學學報（哲學社會科學版），2016 年第 4 期。
3678. 「澶淵之盟」以前宋遼戰爭交通道路考，卜凡，中國歷史地理論叢，2020 年第 3 期。
3679. 遼代驛道驛站的設置及其功能，白雪，遼寧工程技術大學學報（社會科學版），2017 年第 2 期。
3680. 幽州東北古北口路新考，李棟國，河北民族師範學院學報，2018 年第 4 期。
3681. 遼代驛道廣平甸路新考，李棟國，河北民族師範學院學報，2019 年第 1 期。
3682. 遼代驛道遼上京路新考（上），李棟國，河北民族師範學院學報，2019 年第 2 期。
3683. 平泉宋遼古驛道北方與中原交流的見證，楊潤忠，城市地理，2019 年第 1 期。
3684. 遼棄通天館並遷址長興館考實，胡廷榮、劉建柱，赤峰學院學報（漢文哲學社會科學版），2020 年第 7 期。
3685. 沈括使遼終點及最後七驛路徑詳考，孫國軍、胡廷榮、李義，赤峰學院學報（漢文哲學社會科學版），2020 年第 12 期。
3686. 遼朝南京地區的海疆、海口與港口，田廣林、陳曉菲，遼寧師範大學學報（社會科學版），2016 年第 6 期。
3687. 金代的交通與城鎮經濟發展，麻鈴，現代交際，2018 年第 18 期。
3688. 金代北疆「蒲與路北至北邊界火魯火疃謀克」交通與行政建制考索，王俊錚，遼寧省博物館館刊（2019），遼海出版社，2019 年。
3689. 關於金代肇州海西西陸路部分驛站的考證，顏祥林，大慶社會科學，2016 年第 4 期。
3690. 宋金時期西垂與河池的馬鹽交易通道——牛尾道、祁山道，魯建平，隴蜀古道歷史地理研究，科學出版社，2019 年。
3691. 金代瓷器海運港口的考古學觀察，吳敬、石玉兵、潘曉暾，考古，2018 年第 10 期。
3692. 宋元時期北方地區海港體系的考古學觀察，吳敬，社會科學，2018 年第 6 期。

十五、考　古

（一）綜述

3693. 多元一體中華民族國家形成和發展的考古見證——新中國宋遼金元明清考古七十年，董新林，中國文物報，2019 年 12 月 6 日第 5 版。

3694. 遼金考古：歷史時期考古的新亮點，董新林，中國文物報，2019 年 4 月 2 日第 5 版。

3695. 中國遼金考古研究四十年（上篇），丁利娜、魏堅，北方民族考古（第 9 輯），科學出版社，2020 年。

3696. 中國遼金考古研究四十年（下篇），魏堅、丁利娜，北方民族考古（第 10 輯），科學出版社，2020 年。

3697. 在「十至十二世紀東亞都城和帝陵考古與契丹遼文化國際學術研討會」開幕式上的講話——契丹遼文化研究與考古，宋德金，東亞都城和帝陵考古與契丹遼文化國際學術研討會論文集，科學出版社，2016 年。

3698. 內亞帝國的考古學研究：中古遼代政體研究的新視野與新方法，闞玉琳、黃曉贏，北方民族考古（第 3 輯），科學出版社，2016 年。

3699. 契丹遼代考古發現與契丹文化（四則），王大方，東亞都城和帝陵考古與契丹遼文化國際學術研討會論文集，科學出版社，2016 年。

3700. 2017 年遼夏金考古發現回顧，師越，中國遼夏金研究年鑒 2017，中國社會科學出版社，2020 年。

3701. 北京平谷區遼、金、元時期考古發現與研究，申紅寶，文物鑒定與鑒賞，2018 年第 10 期。

3702. 遼金燕京城研究史——城市考古方法論的思考，劉未，故宮博物院院刊，2016 年第 3 期。
3703. 北京地區遼金時期佛教考古發現與初步研究，高連東，首都師範大學碩士學位論文，2016 年。
3704. 山西省遼代考古發現與研究，劉輝，宋史研究論叢（第 18 輯），河北大學出版社，2016 年。
3705. 內蒙古遼代考古綜述，蓋之庸、李權，草原文物，2019 年第 1 期。
3706. 21 世紀前 20 年遼寧省遼代考古發現與研究，李宇峰、齊偉，遼金歷史與考古（第十一輯），科學出版社，2020 年。
3707. 宋遼金考古遺存中的孩童形象研究，王慧，吉林大學碩士學位論文，2017 年。

（二）帝陵

3708. 東北アジアからみた遼代陵寢制度の考古學的研究，董新林，早稲田大學博士學位論文，2017 年。
3709. 遼代帝陵布局新探，葛華廷，遼金歷史與考古（第七輯），遼寧教育出版社，2017 年。
3710. 遼朝陵寢空間布局及建築規制研究，韓笑，遼寧師範大學碩士學位論文，2020 年。
3711. 遼代的皇陵，楊昆，國家人文歷史，2017 年第 20 期。
3712. 遼代皇陵制度的影響，劉毅，東亞都城和帝陵考古與契丹遼文化國際學術研討會論文集，科學出版社，2016 年。
3713. 遼陵中的渤海文化因素及其發展演變，劉陽，文物春秋，2019 年第 5 期。
3714. 赤峰地區遼代皇陵的保護研究，馬曉麗，新西部（理論版），2016 年第 22 期。
3715. 赤峰遼陵及奉陵邑現狀調查（2007~2009）述略，永昕群，東亞都城和帝陵考古與契丹遼文化國際學術研討會論文集，科學出版社，2016 年。
3716. 魂歸母腹——遼祖陵營建理念探微，劉陽，文物春秋，2018 年第 4 期。
3717. 遼代帝陵考古發現與研究述略，于春、白嘎力，文博，2020 年第 2 期。
3718. 遼祖陵陵寢制度初步研究，董新林，考古學報，2020 年第 3 期。

3719. 簡論遼代祖陵遺址考古發掘及其學術意義，董新林，東亞都城和帝陵考古與契丹遼文化國際學術研討會論文集，科學出版社，2016 年。

3720. 內蒙古巴林左旗遼祖陵一號陪葬墓，中國社會科學院考古研究所內蒙古第二工作隊、內蒙古文物考古研究所，考古，2016 年第 10 期。

3721. 從考古新發現看遼祖陵龜趺山基址的形制與營造，汪盈、董新林，考古，2016 年第 10 期。

3722. 回鶻墓園對遼陵的影響——兼談遼祖陵四號建築的年代，劉陽，北方民族考古（第 6 輯），科學出版社，2018 年。

3723. 遼祖陵黑龍門遺址發掘報告，中國社會科學院考古研究所、內蒙古第二工作隊內蒙古自治區文物考古研究所，考古學報，2018 年第 2 期。

3724. 內蒙古巴林右旗床金溝 4 號遼墓發掘簡報，內蒙古文物考古研究所，文物，2017 年第 9 期。

3725. 圍繞遼慶陵（東陵）之計算機影像復原的考察，（日）牟田口章人、古松崇志著，李彥朴譯注，赤峰學院學報（漢文哲學社會科學版），2017 年第 10 期。

3726. 醫巫閭考古記，郭大順，文化學刊，2016 年第 7 期。

3727. 醫巫閭山遼代帝陵現蹤，王妍，遼寧日報，2016 年 1 月 26 日 T04 版。

3728. 名山伴帝陵 中國唯一，田勇，遼寧日報，2018 年 8 月 16 日 T12 版。

3729. 遼代顯陵乾陵核心區鎖定，耿雪，中國社會科學報，2016 年 2 月 1 日第 1 版。

3730. 遼寧醫巫閭山遼代遺址考古取得初步成果，畢玉才、劉勇，光明日報，2016 年 2 月 16 日第 9 版。

3731. 遼寧北鎮市遼代帝陵 2012～2013 年考古調查與試掘，遼寧省文物考古研究所，考古，2016 年第 10 期。

3732. 醫巫閭山遼代帝陵考古取得重要收穫，萬雄飛、蘇軍強、周大利、張壯，中國文物報，2018 年 9 月 21 日第 8 版。

3733. 醫巫閭山遼代帝陵考古取得重要收穫，遼寧省文物考古研究院、錦州市文物考古研究所、北鎮市文物處，中國文物報，2018 年 9 月 21 日第 8 版。

3734. 醫巫閭山遼代帝陵考古取得重大收穫，遼寧省文物考古研究院、錦州市文物考古研究所、北鎮市文物管理處，中國文物報，2019 年 3 月 22 日第 5 版。

3735. 遼寧北鎮市琉璃寺遺址 2016～2017 年發掘簡報，遼寧省文物考古研究院、錦州市文物考古研究所、北鎮市文物管理處，考古，2019 年第 2 期。

3736. 醫巫閭山地區遼墓研究，馬晨旭，吉林大學碩士學位論文，2019 年。

3737. 重訪閭山琉璃寺斷想，王綿厚，遼金歷史與考古（第十輯），科學出版社，2019 年。

3738. 遼代墓群增加山村神秘感，郭平，遼寧日報，2019 年 8 月 23 日第 14 版。

3739. 遼寧省北鎮市醫巫閭山遼代帝陵遺址群重要發現——新立 M1、M2，遼寧省文物考古研究院、錦州市博物館、北鎮市文物處，邊疆考古研究（第 27 輯），科學出版社，2020 年。

3740. 醫巫閭山遼代帝陵考古取得重要收穫——遼寧北鎮新立遼代建築遺址發現遼乾陵陵前祭殿和乾陵玄宮，萬雄飛、蘇軍強、周大利、張壯，中國遼夏金研究年鑒 2018，中國社會科學出版社，2020 年。

3741. 湮滅的永安陵，王密林，海淀史志，2019 年第 3 期。

3742. 北京金陵遺址的考古發現簡述，郭京寧，東亞都城和帝陵考古與契丹遼文化國際學術研討會論文集，科學出版社，2016 年。

3743. 1900 年以來金代皇陵的考察與研究分析，曹鐵娃、曹鐵錚、王一建，建築創作，2017 年第 5 期。

3744. 北京金陵石門峪陵區 2017 年考古調查簡報，北京市文物研究所、武威市文物考古研究所、洛陽民俗博物館，北方文物，2019 年第 4 期。

3745. 從考古發現看金代皇陵中的禮制，姜子強，黃河・黃土・黃種人，2019 年第 22 期。

3746. 金中都陵寢制式考——基於建築考古材料分析，姚慶，湖南工程學院學報（社會科學版），2017 年第 1 期。

3747. 金朝陵寢制度研究，姜子強，遼寧師範大學碩士學位論文，2020 年。

3748. 金朝陵山封祀芻論，姜子強、韓笑，地域文化研究，2019 年第 2 期。

3749. 試析女真帝王對中都金陵的營建，丁利娜，黑龍江社會科學，2019 年第 5 期。
3750. 清朝皇帝對金朝陵寢的祭祀，鄧濤，歷史檔案，2017 年第 3 期。

（三）墓葬

3751. 契丹早期墓葬研究，畢德廣、魏堅，考古學報，2016 年第 2 期。
3752. 遼代墓葬的研究和對契丹文化的再認識探究，高雷，中國民族博覽，2017 年第 5 期。
3753. 再論遼代磚室墓的形制，林棟，金顏永書：康平遼代契丹貴族墓專題，北京聯合出版公司，2019 年。
3754. 遼代石室墓形制初探，林棟、李瓊璟，遼金歷史與考古（第十一輯），科學出版社，2020 年。
3755. 遼代墓函初探，林棟，地域文化研究，2020 年第 3 期。
3756. 北宋時內亞因素對中原漢文化之影響——北宋與遼金交界地帶墓葬分析，王一凡，中原文物，2017 年第 1 期。
3757. 遼代墓門研究，杜景洋，內蒙古大學碩士學位論文，2017 年。
3758. 內蒙古遼代契丹貴族墓葬門道初步研究，郭亞杭，赤峰學院學報（漢文哲學社會科學版），2017 年第 8 期。
3759. 遼代墓棺初探，林棟，赤峰學院學報（漢文哲學社會科學版），2020 年第 8 期。
3760. 遼代契丹墓棺屍床裝飾題材的初步研究，吳敬、徐婧，邊疆考古研究（第 21 輯），科學出版社，2017 年。
3761. 再論遼代墓葬的棺屍床，林棟，東北史地，2016 年第 2 期。
3762. 探析墓葬圖像中「寢」的象徵——以宋遼金元墓室壁畫中的《侍寢圖》為中心，易晴，美術學研究（第 6 輯），東南大學出版社，2018 年。
3763. 試析宋遼金墓葬中的啟門圖，樊睿，鄭州大學學報（哲學社會科學版），2019 年第 2 期。
3764. 「啟門圖」的天上人間，黨豐，南方文物，2020 年第 1 期。
3765. 宋遼時期墓葬中的孝子圖像及其相關問題研究，于博，中國美術研究，2019 年第 4 期。
3766. 遼代貴族墓葬墓門獸吻裝飾及意義，聶定，北方文物，2017 年第 3 期。

3767. 京津冀遼墓裝飾研究，梁爽，河北大學碩士學位論文，2017 年。
3768. 通遼地區遼代墓飾綜述，李鵬，內蒙古民族大學學報（社會科學版），2017 年第 5 期。
3769. 宋遼時期墓室懸鏡功能考——兼論「引魂昇天」母題在宋遼墓室中的圖像呈現，張凱，中原文物，2018 年第 3 期。
3770. 宋遼金時期墓葬裝飾燈檠初探，夏天，中國國家博物館館刊，2018 年第 11 期。
3771. 北方地區宋遼金墓葬花瓶圖像研究，張靜，河南大學碩士學位論文，2020 年。
3772. 仙桃還是壽桃——宋遼金墓室中的桃形圖像探析，向濤，美與時代（上），2020 年第 12 期。
3773. 北京地區遼金時期火葬墓的考古發現與研究綜述，彭媛，文物春秋，2016 年第 6 期。
3774. 北京地區遼代壁畫墓，齊心，契丹學研究（第一輯），商務印書館，2019 年。
3775. 北京晏家堡村壁畫墓年代探討，張利芳，中國國家博物館館刊，2016 年第 10 期。
3776. 宣化唐—遼代墓葬研究，劉坤，吉林大學碩士學位論文，2018 年。
3777. 劉海文揭秘宣化遼墓考古：展現遼文化藝術的「橫斷面」，李冬雲，河北日報，2017 年 3 月 23 日第 11 版。
3778. 試論大同遼金壁畫墓的布局與特點，王利霞，文物世界，2019 年第 6 期。
3779. 大同地區遼代壁畫墓分期與文化因素淺析，穆潔，金顏永書：康平遼代契丹貴族墓專題，北京聯合出版公司，2019 年。
3780. 創業五五週年：『中國の文明』発刊記念 出土遺物から見た中國（第 7 回）宣化遼代壁畫墓（せんかりようだいへきがぼ），稲畑耕一郎，潮（685），2016 年 3 月。
3781. 大同和平社遼金墓群發掘簡報，大同市考古研究所，文物世界，2018 年第 5 期。
3782. 宣化下八里Ⅱ區 M1 孝子圖像重讀，潘靜，邊疆考古研究（第 25 輯），科學出版社，2019 年。

3783. 河北涿鹿遼代東郡夫人康氏墓發掘簡報，王雁華，文物春秋，2019 年第 2 期。

3784. 孫家窯遼代墓葬發掘報告，張益嘉，中國戰略新興產業，2019 年第 40 期。

3785. 河北蔚縣東坡寨遼代壁畫墓發掘簡報，蔚縣博物館，文物春秋，2019 年第 1 期。

3786. 河北平泉八王溝遼代貴族墓地調查清理報告，河北省文物保護中心、承德市文物局、平泉縣文物保護管理所，文物春秋，2019 年第 4 期。

3787. 河北平泉市八王溝村遼代蕭紹宗夫妻合葬墓，郭寶存、李青松，考古學集刊（第 22 輯），社會科學文獻出版社，2019 年。

3788. 河北隆化縣孫志溝墓葬清理簡報，河北省文物研究所、承德市文物局、隆化縣文物保管所，北方文物，2018 年第 4 期。

3789. 烏蘭察布市卓資縣忽洞壩遼代墓葬，趙傑、謝芳，草原文物，2016 年第 1 期。

3790. 內蒙古多倫縣遼代貴族墓葬的發掘，蓋之庸，文匯報，2016 年 8 月 26 日 T13 版。

3791. 內蒙古多倫縣小王力溝遼代墓葬，內蒙古文物考古研究所、錫林郭勒盟文物保護管理站、多倫縣文物局，考古，2016 年第 10 期。

3792. 遼代貴妃墓出土絕世珍寶，靈詩，中國拍賣，2017 年第 3 期。

3793. 內蒙古開魯發現遼代琉璃磚皇族墓葬——確認為耶律蒲古之墓，墓中題記基本確定遼太祖「私城」龍化州城址位置，連吉林、長海，中國文物報，2016 年 9 月 27 日第 8 版。

3794. 內蒙古開魯縣金寶屯遼代琉璃磚皇族墓，連吉林，大眾考古，2016 年第 9 期。

3795. 內蒙古開魯縣遼代皇族墓葬發掘記，長海、連吉林、娜仁圖雅，大眾考古，2017 年第 7 期。

3796. 內蒙古開魯縣發現遼代貴族墓葬，連吉林、長海，中國遼夏金研究年鑒 2018，中國社會科學出版社，2020 年。

3797. 內蒙古開魯縣遼墓發現的墨書題記與遼之龍化州，連吉林，中國遼夏金研究年鑒 2018，中國社會科學出版社，2020 年。

3798. 內蒙古林西縣劉家大院遼代墓地發掘簡報，內蒙古文物考古研究所，內蒙古博物院，考古，2016 年第 2 期。

3799. 赤峰地區遼代墓葬研究，劉暢，遼寧師範大學碩士學位論文，2018 年。

3800. 赤峰寧城縣福峰山遼代墓葬，赤峰市博物館、寧城縣文物局，草原文物，2018 年第 1 期。

3801. 內蒙古巴林左旗盤羊溝遼代墓葬，赤峰市博物館、巴林左旗遼上京博物館、巴林左旗文物管理所，考古，2016 年第 3 期。

3802. 再考遼朝北大王萬幸墓的幾點看法，敖敦、布和倉，文物鑒定與鑒賞，2019 年第 2 期。

3803. 通遼市奈曼旗大代村遼代 M1 清理簡報，內蒙古自治區文物考古研究所，草原文物，2017 年第 1 期。

3804. 內蒙古通遼市奈曼旗八里罕溝遼代墓葬清理簡報，薩如拉，文物鑒定與鑒賞，2020 年第 7 期。

3805. 耶律祺家族墓地，王湜壹，赤子（上中旬刊），2017 年第 3 期。

3806. 吐爾基山遼墓，人民政協報，2017 年 3 月 23 日第 5 版。

3807. 吐爾基山發現大型遼代墓葬，楊朝東，通遼日報，2017 年 7 月 6 日第 5 版。

3808. 吐爾基山遼墓的發現、保護和發掘始末，郝維彬，人民政協報，2017 年 3 月 23 日第 5 版。

3809. 烏蘭察布市卓資縣忽洞壩遼代墓葬，烏蘭察布市博物館，草原文物，2016 年第 1 期。

3810. 烏蘭察布市集寧區白海子鎮白海子村遼金時期墓葬發掘簡報，烏蘭察布市博物館、集寧區文物管理所，草原文物，2016 年第 1 期。

3811. 涼城縣古城梁遺址周邊的遼金墓葬，內蒙古自治區文物考古研究所，草原文物，2019 年第 2 期。

3812. 察哈爾右翼前旗契丹女屍死因探析，張彥霞、趙興明、張軍，集寧師範學院學報，2017 年第 1 期。

3813. 察哈爾右翼前旗契丹乾屍成因探析，張彥霞、趙興明、趙國材，集寧師範學院學報，2018 年第 2 期。

3814. 內蒙古準格爾旗薛家灣鎮巴潤哈岱鄉西黑岱墓地發掘簡報，內蒙古師範大學歷史文化學院、內蒙古自治區文物考古研究所，北方文物，2017 年第 2 期。

3815. 遼寧地區遼代壁畫墓研究，張涵，黑龍江大學碩士學位論文，2019 年。

3816. 遼東地區遼墓探析，孫著騫，遼寧師範大學碩士學位論文，2020 年。

3817. 康平張家窯林場長白山遼墓群，趙曉剛，中國遼夏金研究年鑒 2018，中國社會科學出版社，2020 年。

3818. 遼寧北鎮市遼代耶律弘禮墓發掘簡報，遼寧省文物考古研究所、錦州市文物考古研究所、北鎮市文物管理處，考古，2018 年第 4 期。

3819. 遼寧北鎮市遼代韓德讓墓的發掘，遼寧省文物考古研究院、錦州市博物館、北鎮市文物處，考古，2020 年第 4 期。

3820. 遼寧北票饅頭溝遼墓清理簡報，陳金梅，遼金歷史與考古（第九輯），科學出版社，2018 年。

3821. 朝陽地區遼墓的考古學研究，孫宏，遼寧師範大學碩士學位論文，2018 年。

3822. 遼寧朝陽地區遼代紀年墓考述，李道新、張振軍、李松海，赤峰學院學報（漢文哲學社會科學版），2019 年第 10 期。

3823. 遼寧朝陽馬場村遼墓發掘簡報，朝陽市文物考古研究所，文物春秋，2016 年第 6 期。

3824. 遼寧朝陽市天驕城遼墓的發掘，朝陽市文物考古研究所，北方文物，2020 年第 3 期。

3825. 遼寧朝陽市水泉遼代 M5～M7 發掘簡報，朝陽市龍城區博物館，遼金歷史與考古（第十一輯），科學出版社，2020 年。

3826. 遼寧朝陽市水泉三座遼代紀年墓，朝陽市龍城區博物館、遼寧省朝陽市龍城區博物館，北方文物，2020 年第 4 期。

3827. 阜新腰衙門平頂山遼墓，郭添剛、崔嵩、王義，遼寧工程技術大學學報（社會科學版），2016 年第 3 期。

3828. 葉茂臺村 遼墓群講述古老的契丹故事，于海，瀋陽日報，2017 年 9 月 19 日第 4 版。

3829. 遼寧法庫葉茂臺七號遼墓的年代及墓主身份，李宇峰，遼金歷史與考古（第十輯），科學出版社，2019 年。

3830. 遼寧法庫葉茂臺七號遼墓出土人骨研究，么乃亮、張旭、都惜青，東北史地，2016 年第 3 期。
3831. 凌源市下朝陽溝遼墓清理簡報，陳利、李廣奇，遼金歷史與考古（第八輯），科學出版社，2017 年。
3832. 凌源安杖子魏家溝遼墓清理簡報，劉超、杜志剛、陳利，黃河・黃土・黃種人，2019 年第 10 期。
3833. 遼代蕭繼遠家族墓地研究，李宇峰，遼金歷史與考古（第八輯），科學出版社，2017 年。
3834. 吉林白城城四家子古城北發現三座遼代墓葬，吉林省文物考古研究所、白城市洮北區文物保管所，文物春秋，2019 年第 2 期。
3835. 吉林雙遼東孟益遼墓發掘報告，吉林大學邊疆考古研究中心、吉林省文物考古研究所、雙遼市文物管理所、白城市博物館，考古與文物，2020 年第 1 期。
3836. 金代墓葬的區域性及相關問題研究，郝軍軍，吉林大學博士學位論文，2016 年。
3837. 金代墓葬文化差異研究，湯豔傑，河北大學碩士學位論文，2019 年。
3838. 略論宋金時期八邊形裝飾墓葬，林思雨，四川文物，2020 年第 2 期。
3839. 宋元時期長城以南地區火葬墓的考古學研究，趙東海，吉林大學碩士學位論文，2019 年。
3840. 多重祈願——宋金墓葬中的宗教類圖像組合，鄧菲，民族藝術，2019 年第 6 期。
3841. 從「門窗」到「桌椅」——兼議宋金墓葬中「空的空間」，丁雨，北方民族考古（第 4 輯），科學出版社，2017 年。
3842. 宋金壁畫墓「開芳宴」圖像人物身份再思考，張玉琴，中央民族大學碩士學位論文，2018 年。
3843. 宋金元時期墓葬「開芳宴」圖像模式辨析，夏天，中原文物，2020 年第 6 期。
3844. 禮儀與情感：宋金墓葬中的共坐圖像再探討，樊睿，民族藝術，2019 年第 4 期。
3845. 宋金墓葬中的共坐圖像敘事研究，姚鵬，美與時代（上），2020 年第 9 期。

3846. 宋金元壁畫墓中墓主夫婦圖像的流變及象徵意義再思，黃小鈺，北京文博文叢，2018 年第 1 期。
3847. 從空間形式看晉東南地區宋金仿木構墓葬中的孝子圖，丁雨，裝飾，2019 年第 9 期。
3848. 圖像的多重寓意——再論宋金墓葬中的孝子故事圖，鄧菲，藝術探索，2017 年第 6 期。
3849. 北京地區金代石槨墓及火葬習俗再談，丁利娜，中原文物，2020 年第 4 期。
3850. 北京市密雲區金代石棺墓發掘簡報，北京市文物研究所，北方文物，2018 年第 2 期。
3851. 天津市寶坻區茶棚村發現金代石槨墓，尹承龍、戴濱，北方文物，2020 年第 6 期。
3852. 河北三河老辛莊金代磚室墓清理簡報，廊坊市文物管理處，文物春秋，2017 年第 6 期。
3853. 遷安發現金元時期古墓，張嘉麗，中國遼夏金研究年鑒 2017，中國社會科學出版社，2020 年。
3854. 試論金代晉南地區戲曲磚雕墓的形式美，蘇航，文藝生活（中旬刊），2018 年 8 期。
3855. 太原市王家莊金元壁畫墓發掘簡報，太原市文物考古研究所，文物世界，2016 年第 6 期。
3856. 尖草坪區東張村金代墓群發掘簡報，太原市文物考古研究所，文物世界，2018 年第 3 期。
3857. 萬柏林區移村金元墓發掘簡報，裴靜蓉、馮鋼、郭守俊、唐潔、陳慶軒，文物世界，2016 年第 5 期。
3858. 山西晉中龍白金墓發掘簡報，山西省考古研究所、晉中市考古研究所，文物，2019 年第 11 期。
3859. 山西陽泉古城金墓發掘簡報，陽泉市文物管理處，文物，2016 年第 10 期。
3860. 大同地區金元道士墓研究，王彥玉、李孜宣，四川文物，2018 年第 6 期。
3861. 金代閻德源墓的研究與審視，王利民，文物天地，2019 年第 11 期。

3862. 山西汾西郝家溝發掘金元、明清時期墓地，武俊華，中國文物報，2016 年 9 月 13 日第 8 版。

3863. 郝家溝發現金元明清墓葬 172 座，孟苗，山西日報，2016 年 10 月 17 日第 5 版。

3864. 山西汾西郝家溝金代紀年壁畫墓發掘簡報，山西省考古研究所、汾西縣文物旅遊局，文物，2018 年第 2 期。

3865. 山西長子南溝金代壁畫墓發掘簡報，山西省考古研究所、長治市外事僑務與文物旅遊局、長子縣文物旅遊局，文物，2017 年第 12 期。

3866. 山西高平湯王頭村金代墓葬，山西省考古研究院、晉城博物館、高平市文物保護中心，華夏考古，2020 年第 6 期。

3867. 山西沁縣上莊金墓發掘簡報，山西省考古研究所、沁縣文物館，文物，2016 年第 8 期。

3868. 山西翼城武池金墓發掘簡報，山西省考古研究所，文物，2019 年第 2 期。

3869. 山西垣曲發現一處宋金時期古墓，王飛航，科學導報，2019 年第 38 期。

3870. 山西侯馬發現金代家族墓地，楊及耘、王金平，中國文物報，2017 年 5 月 5 日第 8 版。

3871. 山西侯馬發現金代家族墓地，楊及耘、王金平，中國遼夏金研究年鑒 2016，中國社會科學出版社，2018 年。

3872. 孝養家食養生戲養神——記山西省稷山縣馬村的宋金墓群，梁冬，老同志之友（下半月），2018 年第 4 期。

3873. 稷山金代段氏墓中的「婦人啟門」磚雕圖像研究，尚麗娟，裝飾，2017 年第 9 期。

3874. 論稷山金代段氏磚雕墓迴廊裝飾的兩重性，胡冰，文藝生活・中旬刊，2017 年第 11 期。

3875. 集寧路古城金元時期墓葬出土人骨研究，胡春佰，吉林大學博士學位論文，2020 年。

3876. 遼寧喀左縣利州商業街金代紀年墓葬的發掘，喀左縣博物館，北方文物，2017 年第 4 期。

3877. 吉林長嶺縣蛤蟆沁金代磚室墓發掘簡報，吉林大學考古學院、吉林省文物考古研究所、東北師範大學歷史文化學院、法國國家科學研究院東亞文明研究所、德惠市文物管理所、農安縣文物管理所，北方文物，2019年第2期。

3878. 黑龍江阿城發現金代墓葬，劉陽、趙永軍，中國文物報，2019年8月9日第8版。

3879. 阿城地區兩處金貴族墓葬比較研究，王法，文物鑒定與鑒賞，2019年第1期。

3880. 黑龍江遜克縣勝利村金代墓葬發掘簡報，黑龍江省文物考古研究所，北方文物，2020年第1期。

3881. 完顏守貞墓地位置考略，趙維良、龐志國，東北史地，2016年第3期。

3882. 10～12 世紀黑龍江中游南北兩岸墓葬比較研究，李則宇，東北師範大學碩士學位論文，2016年。

3883. 河南地區宋金墓葬雕磚研究，王勵為，天津師範大學碩士學位論文，2018年。

3884. 鄭州華南城二路金代磚雕壁畫墓發掘簡報，鄭州市文物考古研究院，中原文物，2019年第1期。

3885. 河南安陽小任家莊金代磚雕壁畫墓發掘簡報，安陽市文物考古研究所、北京大學考古文博學院，文物，2019年第2期。

3886. 河南安陽金代高僧磚雕壁畫墓，孔德銘、于浩、焦鵬，大眾考古，2019年第3期。

3887. 濟源市龍潭宋金墓葬發掘簡報，河南省文物考古研究院、濟源市文物工作隊，中國國家博物館館刊，2016年第2期。

3888. 河南三門峽市陝州區大營鎮金代磚墓發掘簡報，高鳴，文物鑒定與鑒賞，2020年第11期。

3889. 河南滎陽魯莊墓地唐宋金時期墓葬發掘簡報，河南省文物考古研究院，中國國家博物館館刊，2020年第3期。

3890. 河南義馬狂口村金代磚雕壁畫墓發掘簡報，三門峽市文物考古研究所，文物，2017年第6期。

3891. 洛陽市澗西區王灣村南金代磚雕墓發掘簡報，洛陽市文物考古研究院，洛陽考古（2017年第2期），中州古籍出版社，2017年。

3892. 山東地區宋金墓葬研究，孫鑫瑩，首都師範大學碩士學位論文，2018年。

3893. 論山東地區宋金元磚雕壁畫墓的營造工藝，劉欣，山東大學碩士學位論文，2017 年。

3894. 濟南市長清區東王宋金墓地發掘簡報，邢琪、房振、付欣、王爽，東方考古（第 15 集），科學出版社，2019 年。

3895. 信仰的力量 山東威海鄶家金代石函墓，費建文，大眾考古，2017 年第 4 期。

3896. 山東博山金代壁畫墓保護與研究，王濱，黃河·黃土·黃種人，2017 年第 6 期。

3897. 陝甘寧地區金代墓葬初探，趙永軍，邊疆考古研究（第 27 輯），科學出版社，2020 年。

3898. 陝西西安金代李居柔墓發掘簡報，陝西省考古研究院，考古與文物，2017 年第 2 期。

3899. Mass spectrometry identification of the liquor contained in the plum vase excavated from Jurou Li's Grave of the Jin Dynasty（1115～1234 CE）in Xi'an, Shannxi, China, Zhanyun Zhu, Chunlei Yu, Yifei Miao, Zhiyong Lu, Junchang Yang, *Heritage Science*, 2018, Vol.6（1）.

3900. 陝西甘泉柳河渠灣金代壁畫墓發掘簡報，西北大學文化遺產學院、甘泉縣博物館，文物，2016 年第 10 期。

3901. 延安宋金畫像磚墓葬的產生原因與分布特點，高潔，延安職業技術學院學報，2017 年第 5 期。

3902. 甘肅宋金磚雕彩繪墓色彩研究，吳思佳，中國包裝，2018 年第 11 期。

3903. 隴山地區宋金磚室墓述議，柴平平，西夏研究，2020 年第 2 期。

3904. 甘肅清水宋金墓葬裝飾中開、閉假門的象徵意義探究——以清水上邽鄉蘇山墓為例，張玉平，天水師範學院學報，2016 年第 3 期。

3905. 造境與幻象——甘肅清水宋（金）時期仿木構墓葬空間的多層象徵意義探析，張玉平，天水師範學院學報，2018 年第 5 期。

3906. 甘肅天水地區宋金時期墓葬空間的觀看方式探究，張玉平，敦煌學輯刊，2020 年第 1 期。

3907. 甘肅會寧縣祁家灣金墓發掘簡報，蘭州大學歷史文化學院考古學及博物館學研究所、會寧縣博物館，考古學集刊（第 22 輯），社會科學文獻出版社，2019 年。

3908. 臨夏金代王吉磚雕墓的建築及藝術特色，馬彩霞，絲綢之路，2020 年第 4 期。

3909. 寧夏康樂縣發現一座金代磚雕墓，臨夏州博物館考古研究部，中國文物報，2017 年 6 月 16 日第 8 版。

3910. 寧夏彭陽縣張灣金代磚雕墓發掘簡報，寧夏文物考古研究所、彭陽縣文物管理所，北方文物，2020 年第 2 期。

3911. 寧夏彭陽縣張灣金代磚雕墓人骨研究，趙惠傑、韓濤、張全超，北方文物，2020 年第 2 期。

（四）遺址

3912. 中國東北地區遼金元城址的考古學研究，趙里萌，吉林大學博士學位論文，2019 年。

3913. 內モンゴル自治區・遼寧省における唐・契丹國（遼朝）・金時代の遺跡・文物調查報告，森部豊，史泉（129），2019 年 1 月。

3914. 遼代契丹貴族墓地守冢人居住遺存和祭祀遺存初探，趙曉剛，遼金歷史與考古（第九輯），科學出版社，2018 年。

3915. 試論與春捺缽有關的幾類遺存，孟慶旭、武松，北方民族考古研究（第七輯），科學出版社，2019 年。

3916. 遼金時代的遺存，侯憲文、王立、楊昌忠，中國釣魚，2019 年第 2 期。

3917. 北京鳳凰嶺遼代上方寺遺址探略，趙立波、李冀潔，北方民族考古（第 6 輯），科學出版社，2019 年。

3918. 延慶古崖居遺址的年代與族屬，畢德廣、王策，華夏考古，2017 年第 1 期。

3919. 北京鳳凰嶺遼代上方寺遺址探略，趙立波、李冀潔，北方民族考古（第 6 輯），科學出版社，2018 年。

3920. 「冶金考古」重地——北京延慶大莊科遼代礦冶遺址群，劉乃濤，中國遼夏金研究年鑒 2015，中國社會科學出版社，2017 年。

3921. GIS 在北京延慶大莊科遼代冶鐵遺址群景觀考古研究中的初步應用，李潘、劉海峰、潛偉、李延祥、陳建立，文物保護與考古科學，2016 年第 3 期。

3922. 北京市延慶區大莊科遼代礦冶遺址群水泉溝冶鐵遺址，北京市文物研究所、北京科技大學科技史與文化遺產研究院、北京大學考古文博學院、延慶區文化委員會，考古，2018 年第 6 期。

3923. 北京延慶發現「遼代首鋼」，奚牧涼，中華遺產，2019 年第 1 期。

3924. 北京已發現的金元兩代水關遺址之比較分析，王曉穎，北京文博文叢，2020 年第 2 輯。

3925. 天津市薊州區下閘村遼代水井的發掘，天津市文化遺產保護中心、薊州區文物保護管理所，北方文物，2018 年第 2 期。

3926. 宋遼古戰道，翟繼祥，檔案天地，2017 年第 4 期。

3927. 崇禮太子城遺址或為金代皇室行宮遺址，龔正龍，河北日報，2017 年 9 月 8 日第 3 版。

3928. 河北崇禮太子城發現一處金代行宮遺址，黃信、任濤、魏惠平，中國文物報，2017 年 12 月 15 日第 8 版。

3929. 河北張家口市太子城金代城址，河北省文物研究所、張家口市文物考古研究所、崇禮區文化廣電和旅遊局，考古，2019 年第 9 期。

3930. 河北張家口發現金代皇家行宮遺址——太子城金代城址發掘取得重要收穫，黃信、胡強、魏惠平、任濤，中國文物報，2019 年 3 月 22 日第 5 版。

3931. 河北崇禮太子城發現一處金代行宮遺址，文物鑒定與鑒賞，2018 年第 1 期。

3932. 崇禮區太子城村古城址是金代的嗎——對《河北崇禮太子城發現一處金代行宮遺址》年代與性質的商榷，馮永謙，中國文物報，2018 年 7 月 27 日第 6 版。

3933. 河北崇禮金代太子城遺址清理發掘，師越，中國遼夏金研究年鑒 2017，中國社會科學出版社，2020 年。

3934. 2022 年北京冬奧會張家口奧運村太子城遺址考古勘探全面展開，彭贊超，中國遼夏金研究年鑒 2017，中國社會科學出版社，2020 年。

3935. 河北崇禮太子城遺址 2018 年考古發掘取得重要收穫，黃信、胡強、魏惠平、任濤，中國遼夏金研究年鑒 2018，中國社會科學出版社，2020 年。
3936. 井陘窯遺址考古調查勘探報告（上），河北省文物研究所、井陘縣文物保護管理所，文物春秋，2017 年第 4 期。
3937. 井陘窯遺址考古調查勘探報告（下），河北省文物研究所、井陘縣文物保護管理所，文物春秋，2017 年第 5 期。
3938. 河北臨城山下金代窯址發掘簡報，河北邢窯博物館，文物，2018 年第 8 期。
3939. 雲岡石窟窟頂二區北魏遼金佛教寺院遺址，山西省考古研究所、雲岡石窟研究院、大同市考古研究所，考古學報，2019 年第 1 期。
3940. 山西河津市固鎮瓷窯址金代四號作坊發掘簡報，山西省考古研究所、河津市文物局，考古，2019 年第 3 期。
3941. 內蒙古和林格爾縣小新營村西北灘遺址發掘簡報，內蒙古師範大學歷史文化學院、內蒙古自治區文物考古研究所，文物春秋，2017 年第 6 期。
3942. 遼上京遺址考古現場探訪記，單穎文，文匯報，2016 年 8 月 26 日 T11 版。
3943. 遼上京考古發掘新成果和新認識，董新林、汪盈，中國社會科學報，2016 年 9 月 23 日第 5 版。
3944. 2011~2012 年遼上京城址的考古發掘和初步認識，汪盈，東亞都城和帝陵考古與契丹遼文化國際學術研討會論文集，科學出版社，2016 年。
3945. 2014 年度遼上京宮城遺址考古取得新進展，董新林、汪盈，中國遼夏金研究年鑒 2014，中國社會科學出版社，2016 年。
3946. 遼上京宮城考古新發現和研究，汪盈、董新林，北方民族考古（第 3 輯），科學出版社，2016 年。
3947. 遼上京城址首次確認曾有東向軸線，董新林、陳永志、汪盈、肖淮雁、左利軍，中國文物報，2016 年 5 月 6 日第 8 版。
3948. 隨劉鳳翥先生在巴林左旗尋訪遼代遺存，單穎文，文匯報，2016 年 8 月 26 日 T9 版。
3949. 契丹皇都「遼上京」遺址考古有重大發現，邱靜、王義晶，赤峰日報，2017 年 11 月 4 日第 1 版。

3950. 內蒙古巴林左旗遼上京遺址的考古新發現，中國社會科學院考古研究所內蒙古第二工作隊、內蒙古文物考古研究所，考古，2017 年第 1 期。
3951. 內蒙古巴林左旗遼上京宮城東門遺址發掘簡報，中國社會科學院考古研究所內蒙古第二工作隊、內蒙古文物考古研究所，考古，2017 年第 6 期。
3952. 遼上京城址確認曾有東向軸線，汪盈、董新林，中國遼夏金研究年鑒 2015，中國社會科學出版社，2017 年。
3953. 西山坡佛寺，楊昆，國家人文歷史，2017 年第 20 期。
3954. 赤峰市巴林左旗南山窯遺址發掘簡報，內蒙古自治區文物考古研究所、巴林左旗遼上京博物館、巴林左旗文物保護管理所，草原文物，2017 年第 1 期。
3955. 遼上京皇城和宮城城門遺址淺析，汪盈、董新林，華夏考古，2018 年第 6 期。
3956. 遼上京宮城南門遺址考古，董新林、汪盈，中國遼夏金研究年鑒 2016，中國社會科學出版社，2018 年。
3957. 內蒙古巴林左旗遼上京宮城南門遺址發掘簡報，中國社會科學院考古研究所內蒙古第二工作隊、內蒙古文物考古研究所，考古，2019 年第 5 期。
3958. 遼上京宮城考古：發現大型建築基址和祭祀坑，中國社會科學院考古研究所、內蒙古自治區文物考古研究所，中國文物報，2019 年 4 月 19 日第 5 版。
3959. 遼上京遺址宮城內發現大型宮殿基址，董新林、汪盈、曹建恩、肖淮雁、左利軍，中國文物報，2020 年 2 月 21 日第 8 版。
3960. 2018 年遼上京宮城考古發掘取得重要收穫，董新林、汪盈，中國遼夏金研究年鑒 2018，中國社會科學出版社，2020 年。
3961. 內蒙古巴林左旗遼上京宮城建築基址 2019 年發掘簡報，中國社會科學院考古研究所內蒙古第二工作隊、內蒙古自治區文物考古研究所，考古，2020 年第 8 期。
3962. 以小型低成本無人機進行大型考古遺址航測的新探索——以赤峰遼中京遺址為例，李松陽、王藏博、徐怡濤，遺產與保護研究，2018 年第 11 期。
3963. 奈曼旗遼代遺址調查與研究，畢春宇，長江叢刊，2019 年第 32 期。
3964. 教來河下游前敖包營子區遼金遺址調查與研究，宋家興，長江叢刊，2018 年第 19 期。

3965. 烏蘭察布市金元時期城址調查，周雪喬，中國遼夏金研究年鑒 2016，中國社會科學出版社，2018 年。
3966. 巴——新鐵路庫倫四家子考古發掘簡報，張秀傑、包海平、其其格，東方藏品，2018 年第 11 期。
3967. 「龍興之地　契丹故壤」——李麗，中國遼夏金研究年鑒 2018，中國社會科學出版社，2020 年。
3968. 通遼市科爾沁區福巨城址考古勘探紀實，李麗，中國遼夏金研究年鑒 2018，中國社會科學出版社，2020 年。
3969. 通遼市科爾沁區福巨城址遼代寺廟遺址發現記，李麗，中國遼夏金研究年鑒 2018，中國社會科學出版社，2020 年。
3970. 「中會川」考——「阿都烏素遼代遺址群」初步調查與研究，李鵬，邊疆考古研究（第 22 輯），科學出版社，2017 年。
3971. 錫林郭勒盟蘇尼特右旗圖門古城調查簡報，內蒙古自治區文物考古研究所、蘇尼特右旗文物保護管理局，草原文物，2017 年第 2 期。
3972. 康平張家窯林場長白山遼金遺址簡介，林棟，遼金歷史與考古（第十輯），科學出版社，2019 年。
3973. 朝陽地區遼代遺存的發現與研究，李道新，北方民族考古研究（第七輯），科學出版社，2019 年。
3974. 江官屯窯址還原千年前東北窯業盛景，張昕，遼寧日報，2016 年 1 月 26 日 T10 版。
3975. 遼寧遼陽市江官屯窯址第一地點 2013 年發掘簡報，遼寧省文物考古研究所，考古，2016 年第 11 期。
3976. 遼寧遼陽江官窯發掘的新收穫，梁振晶、肖新奇，收藏，2018 年第 9 期。
3977. 遼陽江官屯窯址的調查與發掘，肖新琦，遼寧省博物館館刊（2017），遼海出版社，2018 年。
3978. 遼寧遼陽江官屯窯址完成考古發掘，文物鑒定與鑒賞，2017 年第 3 期。
3979. 遼河東部地區金代遺址探析，王晶，遼寧工程技術大學學報（社會科學版），2016 年第 4 期。
3980. 遼寧省彰武縣石嶺子金代遺址發掘簡報，遼寧省文物考古研究所、彰武縣文物管理所，北方民族考古（第 4 輯），科學出版社，2017 年。

3981. 遼寧阜新市八家子金元時期遺址發掘報告，遼寧省文物考古研究所、阜新市文物管理辦公室，北方文物，2017 年第 2 期。

3982. 遼寧省凌海市大劉台山遺址金代遺存發掘簡報，徐政、劉潼、張壯，遼金歷史與考古（第九輯），科學出版社，2018 年。

3983. 東京道遺存，楊昆，國家人文歷史，2017 年第 20 期。

3984. 吉林省西部幾處遼金遺存年代問題再探討，孟慶旭，北方民族考古（第 9 輯），科學出版社，2020 年。

3985. 春捺鉢遺址群的小城，馮恩學，揚州城考古學術研討會論文集，科學出版社，2016 年。

3986. 乾安春捺鉢遺址群后鳴字區遺址調查簡報，吉林大學邊疆考古研究中心、乾安縣文物管理所，邊疆考古研究（第 20 輯），科學出版社，2016 年。

3987. 乾安後鳴字區遺址研究，武松，吉林大學碩士學位論文，2016 年。

3988. 吉林乾安縣遼金春捺鉢遺址群后鳴字區遺址的調查與發掘，吉林大學邊疆考古研究中心，考古，2017 年第 6 期。

3989. 吉林省乾安縣遼金春捺鉢遺址群，王春委、武松，吉林畫報，2017 年第 1 期。

3990. 吉林省查干湖西南岸春捺鉢遺址 2016 年調查簡報，武松、王春委、馮恩學，地域文化研究，2018 年第 1 期。

3991. 遼金春捺鉢遺址群的新發現——2018 年乾安縣藏字區春捺鉢遺址考古調查發掘的重要收穫，吳敬、馮恩學、王春委，吉林大學社會科學學報，2020 年第 1 期。

3992. 吉林白城城四家子城址建築臺基發掘簡報，吉林省文物考古研究所、白城市文物保護管理所、白城市博物館，文物，2016 年第 9 期。

3993. 吉林白城城四家子城址北城牆發掘簡報，吉林省文物考古研究所、白城市文物保護管理所，草原文物，2016 年第 2 期。

3994. 吉林白城城四家子城址北門發掘簡報，吉林省文物考古研究所、白城市文物保護管理所、延邊朝鮮族自治州博物館，邊疆考古研究（第 20 輯），科學出版社，2016 年。

3995. 吉林白城城四家子城址三號房址發掘簡報，吉林省文物考古研究所、白城市博物館、白城市文物保護管理局、洮北區文物管理所、延邊朝鮮族自治州博物館，東北史地，2016 年第 3 期。

3996. 城四家子城址 2015～2016 年考古發掘與認識，梁會麗、孟慶旭、魏佳明，遼金西夏研究（2014～2015），中國文史出版社，2018 年。
3997. 城四家子城址的考古工作與認識，梁會麗，北方文物，2019 年第 4 期。
3998. 城四家子城址考古工作與再認識，梁會麗，遼金歷史與考古（第十一輯），科學出版社，2020 年。
3999. 吉林安圖寶馬城遺址又獲發現，張夢納、石玉冰、趙俊傑，中國文物報，2016 年 1 月 15 日第 8 版。
4000. 寶馬城遺址：大金王朝祭祀長白山的神廟，趙俊傑，吉林畫報，2016 年第 1 期。
4001. 安圖縣寶馬城金代遺址，石玉兵、趙俊傑、張夢納，中國遼夏金研究年鑒 2015，中國社會科學出版社，2017 年。
4002. 吉林安圖縣寶馬城遺址 2014 年發掘簡報，吉林大學邊疆考古研究中心，考古，2017 年第 6 期。
4003. 寶馬城金代遺址所見壘脊瓦及其相關問題，王子奇、趙俊傑，考古，2017 年第 12 期。
4004. 長白山金代皇家神廟選址淺析，李天驕、王薇，建築與文化，2017 年第 7 期。
4005. 吉林安圖寶馬城揭露金代長白山神廟遺址，趙俊傑、常天驕、李恬欣、張宛玉，中國文物報，2018 年 3 月 22 日第 8 版。
4006. 安圖縣寶馬城金代皇家神廟遺址，趙俊傑，中國遼夏金研究年鑒 2016，中國社會科學出版社，2018 年。
4007. 長白山金代皇家神廟遺址復原研究，王薇，吉林建築大學碩士學位論文，2018 年。
4008. 重大考古發現長白山驚現金代皇家神廟意義非凡，鄭驍鋒，中國國家地理，2019 年第 6 期。
4009. 長白山「神山聖水」的佐證，奚牧涼，中華遺產，2019 年第 4 期。
4010. 金代長白山神廟遺址，陳健、周昕悅、張婉玉、趙俊傑，中國遼夏金研究年鑒 2018，中國社會科學出版社，2020 年。
4011. 吉林農安左家山遺址 2015 年遼金時期遺存的發掘，吉林大學邊疆考古研究中心、吉林省文物考古研究所、長春市文物保護研究所、農安縣文物管理所，邊疆考古研究（第 22 輯），科學出版社，2017 年。

4012. 吉林大安市尹家窩堡遺址發掘簡報，吉林大學邊疆考古研究中心、吉林省文物考古研究所，考古，2017 年第 8 期。
4013. 尹家窩堡遺址：探索東北已知發現最早的土鹽製作遺存，史寶琳、劉曉溪，吉林畫報，2016 年第 7 期。
4014. 吉林大安尹家窩堡遺址的發掘，遼金西夏研究（2014～2015），中國文史出版社，2018 年。
4015. 吉林大安市後套木嘎遺址 AⅣ區發掘簡報，吉林大學邊疆考古研究中心、吉林省文物考古研究所、鎮賚縣文管所，考古，2017 年第 11 期。
4016. 吉林大安後套木嘎遺址發掘的主要收穫，吉林大學邊疆考古研究中心、山西大學歷史文化學院，邊疆考古研究（第 21 輯），科學出版社，2017 年。
4017. 吉林大安後套木嘎遺址出土陶片科技檢測分析，吉林大學邊疆考古研究中心、北京大學考古文博學院，邊疆考古研究（第 21 輯），科學出版社，2017 年。
4018. 吉林大安後套木嘎遺址孢粉分析與古環境初步研究，吉林大學邊疆考古研究中心、吉林大學東北亞生物演化與環境教育部重點實驗室、吉林大學文學院考古學系，邊疆考古研究（第 21 輯），科學出版社，2017 年。
4019. 吉林省農安縣庫爾金堆古城址西南角「點將臺」的發掘，吉林省文物考古研究所，北方文物，2016 年第 1 期。
4020. 吉林省圖們市磨盤村山城考古工作的重要收穫，安文榮、徐廷，中國文物報，2020 年 12 月 4 日第 7 版。
4021. 吉林洮南市敖尼哈嘎二號遺址的調查與認識，潘靜、左雁鳴、王立新，北方文物，2020 年第 6 期。
4022. 吉林省梨樹縣城楞子城址的調查與思考，聶卓慧，草原文物，2018 年第 2 期。
4023. 吉林省梨樹縣偏臉城西側金代遺存 2017 年發掘簡報，吉林大學邊疆考古研究中心、吉林省文物考古研究所、四平市文物管理委員會辦公室、梨樹縣文物管理所、吉林大學考古學院、法國國立科學院東亞文明研究所，邊疆考古研究（第 27 輯），科學出版社，2020 年。
4024. 關於半拉城的報導嚴重失實，宋德輝，遼金西夏研究（2014～2015），中國文史出版社，2018 年。

4025. 2015 年度磐石八面佛遺址考古發掘報告，吉林省文物考古研究所、磐石市文物管理所，邊疆考古研究（第 24 輯），科學出版社，2018 年。

4026. 黒竜江省・吉林省における契丹（遼）・金時代の遺跡の現狀と調査：遼・金時代史研究の新しい潮流をめぐって，森部豊，関西大學東西學術研究所紀要（51），2018 年 4 月。

4027. 金上京皇城揭露一組大型帶院落建築基址，趙永軍，中國文物報，2016 年 4 月 22 日第 8 版。

4028. 黑龍江阿城金上京皇城西建築址，趙永軍、劉陽，大眾考古，2016 年第 5 期。

4029. 哈爾濱市阿城區金上京皇城西部建築址 2015 年發掘簡報，黑龍江省文物考古研究所，考古，2017 年第 6 期。

4030. 2015 年金上京皇城考古取得新成果——發掘揭露一組大型帶院落建築基址，趙永軍、劉陽，中國遼夏金研究年鑒 2015，中國社會科學出版社，2017 年。

4031. 2016 年金上京皇城考古發掘收穫，趙永軍、劉陽，中國遼夏金研究年鑒 2016，中國社會科學出版社，2018 年。

4032. 哈爾濱市阿城區金上京南城南垣西門址發掘簡報，黑龍江省文物考古研究所，考古，2019 年第 5 期。

4033. 金上京考古：發掘城內道路及排水溝，趙永軍、劉陽，中國文物報，2019 年 4 月 19 日第 5 版。

4034. 金上京遺址發掘獲重要收穫——揭示皇城東建築址布局和特徵，張嘉麗，中國遼夏金研究年鑒 2017，中國社會科學出版社，2020 年。

4035. 2017 年金上京皇城考古發掘收穫，趙永軍、劉陽，中國遼夏金研究年鑒 2017，中國社會科學出版社，2020 年。

4036. 金上京遺址考古收穫，趙永軍、劉陽，中國遼夏金研究年鑒 2018，中國社會科學出版社，2020 年。

4037. 哈爾濱金代文化遺存概述，張寶珅，黑河學院學報，2020 年第 8 期。

4038. 哈爾濱阿城東川冶鐵遺址初步考察研究，李延祥、佟路明、趙永軍，邊疆考古研究（第 23 輯），科學出版社，2018 年。

4039. 黑龍江哈爾濱市李家馬架子遺址發掘簡報，黑龍江省文物考古研究所，北方文物，2018 年第 4 期。

4040. 黑龍江賓縣王朝珠遺址發掘簡報，黑龍江省文物考古研究所、黑龍江大學考古學系，北方文物，2018年第4期。

4041. 黑龍江發掘遼金生女真五國部奧里米城址，劉陽、趙永軍，中國文物報，2016年7月8日第8版。

4042. 黑龍江省撫遠縣黑瞎子島考古調查收穫，黑龍江省文物考古研究所，北方文物，2016年第2期。

4043. 葉縣文集遺址金代瓷器窖藏坑 JC3 發掘簡報，河南省文物局南水北調文物保護辦公室、河南省文物考古研究院、平頂山市文物管理局、葉縣文物管理局，中原文物，2018年第2期。

4044. 河南省魯山、郟縣、汝州、焦作古窯址調查記略，朱宏秋，博物院，2020年第3期。

4045. 山東墾利縣海北遺址新發現，山東博物館、墾利縣博物館，華夏考古，2016年第1期。

4046. 山東定陶何樓遺址發現新石器及漢代金元遺存，王濤、朱光華、高明奎、劉伯威、袁廣闊，中國文物報，2019年5月5日第8版。

4047. 安徽淮北濉溪柳孜運河遺址第二次發掘簡報，安徽省文物考古研究所、淮北市博物館、濉溪縣文物事業管理局，文物，2016年第12期。

4048. 安徽首次發現宋金瓷窯，中國收藏，2018年第8期。

4049. 安徽淮北烈山窯遺址，陳超，大眾考古，2018年第7期。

4050. 安徽蕭縣蕭窯遺址群2014年田野考古調查簡報，安徽省文物考古研究所、蕭縣博物館，考古與文物，2018年第6期。

4051. 蒙古國和日門登吉古城的考古調查收穫，（俄）А.Л.伊夫里耶夫、Н. Н.克拉丁著，А.Л.伊夫里耶夫譯，東亞都城和帝陵考古與契丹遼文化國際學術研討會論文集，科學出版社，2016年。

4052. 蒙古國境內的契丹都城遺址及其文化問題研究，（蒙古）阿·敖其爾著，薩仁畢力格、丹達爾譯，東亞都城和帝陵考古與契丹遼文化國際學術研討會論文集，科學出版社，2016年。

4053. 俄羅斯濱海地區靺鞨—渤海遺存的考古學視點，王俊錚、吳博、王禹浪，哈爾濱學院學報，2020年第9期。

4054. 俄羅斯濱海地區石灰石帽形山城址調查，（俄）Ю.Ғ.尼基京著，楊振福譯，遼金歷史與考古（第九輯），科學出版社，2018年。

4055. ロシア極東の金代女真遺跡：ロシア沿海地方を中心に〔環北太平洋地域の伝統と文化（2）アムール下流域・沿海地方〕，臼杵勲，北方民族文化シンポジウム網走報告（32），2018 年。

4056. ロシア沿海地方の女真遺跡（金・女真の歴史とユーラシア東方；金代の遺跡と文物），中澤寛將，アジア遊學（233），2019 年 4 月。

十六、文　物

（一）建築、寺院、佛塔

4057. 遼代木構建築的「學唐比宋」，鄭好，首都博物館論叢（總第 33 輯），北京燕山出版社，2019 年。

4058. 芻議遼代建築文化理念的發展形式，張睿豐，美與時代（城市版），2020 年第 9 期。

4059. 遼代殿堂式建築臺基營造技術研究——以考古發掘材料為中心，金科羽，浙江大學碩士學位論文，2019 年。

4060. 供像與容人——唐遼宋時期佛殿的兩種空間風格及其歷史背景，劉天洋、周晶，建築學報，2020 年增刊第 2 期。

4061. 遼代城牆解剖結構研究，孟慶旭、李含笑，中國城牆（第一輯），江蘇人民出版社，2019 年。

4062. 唐宋時期華北地區木構建築轉角結構研究，周淼、朱光亞，建築史（第 38 輯），中國建築工業出版社，2016 年。

4063. 論五代遼宋華北木構建築的「廳堂化」漸變趨勢，喻夢哲，西安建築科技大學學報（自然科學版），2017 年第 2 期。

4064. 樣式與造作：宋金時期華北地區木構建築假昂探析，周淼，室內設計與裝修，2020 年第 7 期。

4065. 從兩座廟碑看宋金時期壇廟建築的營造思想，劉勇，文物世界，2020 年第 4 期。

4066. 晉冀豫唐至宋金歇山建築遺存山面構造做法類型學研究，周至人，西南交通大學碩士學位論文，2018 年。

4067. 9～12 世紀七鋪作雙栿制探析，周淼，古建園林技術，2016 年第 1 期。

4068. 金代戲場建築特徵探究，吳寄斯，城市建築，2016 年第 18 期。

4069. 東北地區金代宮室建築形制研究，王丹揚，哈爾濱師範大學碩士學位論文，2019 年。

4070. 晉東南地區五代宋元時期補間鋪作挑斡形制分期及流變初探，俞莉娜、徐怡濤，中國國家博物館館刊，2016 年第 5 期。

4071. 宋金時期「下卷昂」的形制演變與時空流佈研究，徐怡濤，文物，2017 年第 2 期。

4072. 遼宋金元建築中的欄杆形制與裝飾研究，沈芳漪，浙江大學碩士學位論文，2019 年。

4073. 晉、冀、豫唐至宋金歇山建築遺存轉角造技術類型學研究，葉皓然，西南交通大學碩士學位論文，2019 年。

4074. 看得見的大遼，國家人文歷史，2017 年第 20 期。

4075. 遼塔考述及相關問題研究，張小楊，浙江大學碩士學位論文，2019 年。

4076. 淺談遼塔的基本類型，倪鑫，藝術品鑒，2017 年第 9 期。

4077. 淺析遼代磚塔的功能，白滿達，文物鑒定與鑒賞，2019 年第 13 期。

4078. 遼代樓閣式磚塔建築形制研究，杜輝，赤峰學院學報（漢文哲學社會科學版），2017 年第 11 期。

4079. 遼代八邊形密簷式磚塔比例關係初探，宋沁，建築與文化，2019 年第 2 期。

4080. 遼代密簷塔立面構圖探研，王卓男、顧宗耀，建築學報，2020 年第 11 期。

4081. 曇花一現——宋遼金時期的花塔建築，陳堅，中華文化畫報，2018 年第 8 期。

4082. 華塔：一種特殊的佛塔，郎玉博，百科知識，2020 年第 12 期。

4083. 京津冀地區花塔研究，尚校戌，北京建築大學碩士學位論文，2019 年。

4084. 遼代磚作技術探究——以遼代磚塔為例，趙兵兵、張昕源，建築與文化，2017 年第 8 期。

4085. 淺析遼代磚塔的營造組織制度，趙兵兵、楊夢陽，建築與文化，2017 年第 9 期。

4086. 遼代磚石佛塔與敦煌壁畫中磚石佛塔的比較研究，李嬌瓏，西北師範大學碩士學位論文，2017 年。

4087. 宋遼金時期舍利塔地宮形制與區域特徵的再探討，吳敬，邊疆考古研究（第 25 輯），科學出版社，2019 年。

4088. 大學生對遼代古塔的旅遊意向研究——以遼寧師範大學本科生為例，王亞萍，風景名勝，2019 年第 10 期。

4089. 契丹（遼）時代の土城「バルスホト 1」に隣接する仏塔の修築前後の構造比較，正司哲朗、A. エンフトル、L. イシツェレン，奈良大學紀要（47），2019 年 2 月。

4090. PERFORMING CENTER IN A VERTICAL RISE : Multilevel Pagodas in China's Middle Period, WEI-CHENG LIN, *Ars Orientalis*, Vol. 46（2016）.

4091. 金代建築文化研究，王觀，吉林大學博士學位論文，2019 年。

4092. 金代造塔說，楊昆，國家人文歷史，2017 年第 20 期。

4093. 北京現存密簷式磚塔的磚雕裝飾藝術淺析，和楠、馬草甫、楊琳，自然與文化遺產研究，2019 年第 6 期。

4094. 北京天寧寺的現狀與保護，趙帥、陳靜勇，遺產與保護研究，2019 年第 4 期。

4095. 北京天寧寺塔 閱盡千年滄桑，水天，工會信息，2016 年第 32 期。

4096. 遼南京大昊天寺的營建歷程及空間格局初探，李若水，中國建築史論彙刊（第壹拾肆輯），中國建築工業出版社，2017 年。

4097. 普庵塔始建於隋代，白秉全，海淀史志，2019 年第 3 期。

4098. 房山昊天塔形制與美學特徵初探，田澤宇，才智，2019 年第 25 期。

4099. 北京銀山塔林研究，丁瑩，北京建築大學碩士學位論文，2018 年。

4100. 潭柘寺塔林分類解讀，方子琪、許政，建築與文化，2016 年第 3 期。

4101. 北京西山八大水院，王雪蓮，中國圖書評論，2018 年第 1 期。

4102. 淺談盧溝橋的建築文化內涵，劉洋、周小儒，大眾文藝，2017 年第 23 期。

4103. 探訪薊縣千年名刹獨樂寺，歐陽東，建築，2020 年第 20 期。

4104. 梁思成探訪獨樂寺，張亞萌，同舟共進，2020 年第 6 期。

4105. 千年古剎獨樂寺，沈偉青，開卷有益（求醫問藥），2016 年第 3 期。
4106. 無上國寶獨樂寺，科學中國人，2019 年第 10 期。
4107. 獨樂寺山門，國家人文歷史，2017 年第 20 期。
4108. 獨樂寺山門屋頂調查，高樹影、趙智慧，文物鑒定與鑒賞，2020 年第 3 期。
4109. 基於整數尺法的獨樂寺山門尺度分析，葉皓然、張毅捷、戴明珠，華中建築，2020 年第 9 期。
4110. 觀音閣，楊昆，國家人文歷史，2017 年第 20 期。
4111. 獨樂寺觀音閣舊料及其所見觀音閣遼代以前的修建史，孫立娜、丁垚，建築史（第 38 輯），中國建築工業出版社，2016 年。
4112. 淺談獨樂寺觀音閣斗栱細部構造，趙智慧，文物建築（第 12 輯），科學出版社，2019 年。
4113. 淺析研究河北遼塔的現實意義，楊瑞，大眾文藝，2017 年第 14 期。
4114. 開善寺，國家人文歷史，2017 年第 20 期。
4115. 開元寺，國家人文歷史，2017 年第 20 期。
4116. 廣濟寺，國家人文歷史，2017 年第 20 期。
4117. 閣院寺，國家人文歷史，2017 年第 20 期。
4118. 宣化遼墓與閣院寺：密教儀軌影響下的符號體系和神聖空間，陳捷、張昕，美術研究，2018 年第 6 期。
4119. 從閣院寺文殊殿看遼初寺廟建築特色，李向玲，中華建設，2018 年第 7 期。
4120. 興文塔的建築特色與藝術價值，李向玲，中華建設，2018 年第 5 期。
4121. 以永安寺塔為例對遼代塔制審美探析，田澤宇，散文百家（理論），2019 年第 5 期。
4122. 品讀源影寺塔，苑敬怡，河北畫報，2020 年第 8 期。
4123. 山西宋金建築大木作發展演變研究，韓曉興，太原理工大學碩士學位論文，2018 年。
4124. 山西宋金時期帳龕類小木作營造技藝研究，寇宇榮，太原理工大學碩士學位論文，2019 年。
4125. 晉中地區金代建築的「插接前廊」傳統，喻夢哲、崔隴鵬，華中建築，2017 年第 1 期。

4126. 晉中地區宋金時期木構建築中斜面梁栿成因解析，周淼、胡石、朱光亞，建築學報，2018 年第 2 期。

4127. 晉東南宋金建築結構特徵初探，柴琳，建築與文化，2020 年第 12 期。

4128. 晉東南地區新見的「下卷昂」實例：坪上湯帝廟西朵殿，崔金澤，中國文化遺產，2018 年第 2 期。

4129. 金代戲場建築實例的調查與研究——以晉東南地區為中心，吳寄斯，西安建築科技大學碩士學位論文，2018 年。

4130. 山西磚石塔仿木結構製作技術的時代特徵，常亞平、李源，中國文物報，2017 年 1 月 6 日第 7 版。

4131. 太原地區金代建築分析，苑傑，文物世界，2018 年第 4 期。

4132. 晉城地區兩處金代「人魚」圖像考，馬豔芳，文物世界，2019 年第 6 期。

4133. 平遙文廟大成殿金代重建淺析，郭興平，文物世界，2018 年第 5 期。

4134. 應縣木塔，楊昆，國家人文歷史，2017 年第 20 期。

4135. 釋迦塔，楊昆，國家人文歷史，2017 年第 20 期。

4136. 應縣木塔：拔地擎天的遼代木結構古建傑作，吳劍，工會信息，2017 年第 24 期。

4137. 塞外木塔，趙平，中國地名，2017 年第 5 期。

4138. 輝耀千古的應縣木塔，聞闊，中關村，2018 年第 9 期。

4139. 編纂立意——以《應縣木塔志》為例，邱新立，中國地方志，2020 年第 5 期。

4140. 應縣木塔建築設計分析（一），張毅捷、李寅、韓效，華中建築，2018 年第 8 期。

4141. 應縣木塔建築設計分析（二），張毅捷、何洋、韓效，華中建築，2018 年第 9 期。

4142. 品讀應縣木塔，劉勇，中國測繪，2019 年第 8 期。

4143. 應縣木塔 木構建築典範，晉華，資源與人居環境，2020 年第 6 期。

4144. 古建築的審美探析——以山西應縣木塔為例，張宇，美與時代（上），2020 年第 8 期。

4145. 基於文化歷史背景的應縣木塔與杭州六和塔對比研究，孫翌，建築與文化，2020 年第 1 期。

4146. 高烈度地震下應縣木塔隔震性能研究，王堯，西安工業大學碩士學位論文，2020 年。
4147. 大同華嚴寺，張兵，文史月刊，2016 年第 6 期。
4148. 大同善化寺，張兵、白雪峰，文史月刊，2016 年第 7 期。
4149. 西京大同府「八大遼構」中的經典遺存，楊昆，國家人文歷史，2017 年第 20 期。
4150. 930 歲高齡遼代古塔覺山寺塔重現真顏，孫軼瓊，小品文選刊，2019 年第 12 期。
4151. 朔州崇福寺，張兵，文史月刊，2017 年第 2 期。
4152. 山西遼金名剎崇福寺，李嵋屏、馬鑫，文化產業，2020 年第 13 期。
4153. 佛光寺文殊殿與崇福寺觀音殿營造技術對比，梁靜，城市建築，2019 年第 22 期。
4154. 山西陵川龍巖寺中央殿大木尺度設計解讀，劉暢、姜錚、徐揚，建築史（第 37 輯），清華大學出版社，2016 年。
4155. 山西陵川崔府君廟山門樓的結構特徵及價值初探，常鐵偉，河南建材，2019 年第 6 期。
4156. 山西高平西李門二仙廟的歷史沿革與建築遺存，楊澍，中國建築史論彙刊（第 13 輯），中國建築工業出版社，2016 年。
4157. 南村二仙廟正殿及其小木作帳龕尺度設計規律初步研究，姜錚，中國建築史論彙刊（第壹拾肆輯），中國建築工業出版社，2017 年。
4158. 內蒙古地區遼代佛塔研究，王芳，藝術品鑒，2018 年第 10X 期。
4159. 基於數字化技術的萬部華嚴經塔建築形制研究，賈洋，內蒙古工業大學碩士學位論文，2018 年。
4160. 上京北塔，楊昆，國家人文歷史，2017 年第 20 期。
4161. 被遺忘的白塔：遼上京南塔，成敘永，中國社會科學報，2016 年 9 月 23 日第 5 版。
4162. 上京南塔，楊昆，國家人文歷史，2017 年第 20 期。
4163. 中京大定府最具代表性的三座遼塔，楊昆，國家人文歷史，2017 年第 20 期。
4164. 慶州白塔的千年光陰，楊瑛，人生十六七，2019 年第 6 期。

4165. 試解慶州白塔、慶陵以及慶州城的神異密碼，錢德海，文物鑒定與鑒賞，2018 年第 6 期。
4166. 試論遼代閣樓式佛塔在建築史與文化史上的意義——以內蒙古慶州白塔、豐州白塔與山西應縣木塔為例，張景峰、張旭東，形象史學（第 12 輯），社會科學文獻出版社，2019 年。
4167. 遼中京道密簷磚塔制式探析，王卓男、張娜，世界建築，2019 年第 10 期。
4168. 遼中京半截塔形制探索研究，蔡新雨，內蒙古工業大學碩士學位論文，2019 年。
4169. 赤峰市敖漢武安州塔原貌的數字化復原研究，宋沁，內蒙古工業大學碩士學位論文，2019 年。
4170. 遼西地區遼代佛塔藝術考古研究，蘭中英，瀋陽師範大學碩士學位論文，2016 年。
4171. 遼金時期的瀋陽地區景觀概況研究，張健、李一霖，瀋陽建築大學學報（社會科學版），2018 年第 5 期。
4172. 遼代白塔——契丹宗教建築藝術的經典範例，地圖，2018 年第 4 期。
4173. 不看遼塔 枉來遼寧，盧立業，遼寧日報，2018 年 8 月 16 日 T03 版。
4174. 遼寧古塔各領風騷，北風，僑園，2020 年第 5 期。
4175. 遼寧遼塔 佔據全國遼塔半壁江山的古塔群，郎智明，中國國家地理，2020 年第 2 期。
4176. 千年遼塔靜待更多懂它的人，張昕，遼寧日報，2018 年 8 月 28 日第 11 版。
4177. 奉國寺的千年氣魄，馬福春，中國地名，2016 年第 2 期。
4178. 應該到「千年國寶」奉國寺看看，趙雪、張曉麗，遼寧日報，2018 年 8 月 16 日 T13 版。
4179. 奉國寺的空間奧義，張清帆，現代裝飾，2019 年第 2 期。
4180. 奉國寺大雄寶殿，國家人文歷史，2017 年第 20 期。
4181. 奉國寺大雄殿建築藝術初探，陸國斌，藝術工作，2018 年第 5 期。
4182. 遼寧義縣奉國寺大雄殿建築彩畫紋飾研究，白鑫，美術大觀，2019 年第 8 期。

4183. 「打破—彌合」——從奉國寺大殿與鎮國寺萬佛殿梁栿—斗栱結合方式看大木作設計演變，劉天洋、周晶，建築師，2020 年第 4 期。
4184. 基於遼代奉國寺文化遺存的文化符號提煉與推衍，沈曉東、奚純、趙兵兵，美與時代（上旬刊），2017 年第 3 期。
4185. 遼寧義縣奉國寺旅遊開發研究，胡湛東，遼寧農業職業技術學院學報，2016 年第 5 期。
4186. 從文化遺產到文化資源的社會價值轉變——以義縣奉國寺為例，劉琦，渤海大學學報（哲學社會科學版），2017 年第 6 期。
4187. 從大書小書談起：千年古建奉國寺紀念的當代文旅意義，金磊，中國文物報，2020 年 9 月 25 日第 8 版。
4188. 植根文化厚土 守望千年奉國寺——寫在 2020 年「文化和自然遺產日」到來之際，金磊，建築，2020 年第 12 期。
4189. 論義縣奉國寺並非遼代皇家寺院，劉天洋、周晶，建築與文化，2020 年第 1 期。
4190. 這裡曾囚禁遼國皇后和宋朝使臣，朱忠鶴，2020 年 5 月 23 日第 12 版。
4191. 奉國寺大殿柱下銅錢與寺院的創建史，劉劍、丁垚、張峻崚，中國文化遺產，2020 年第 5 期。
4192. 從實用性修理到原貌修復——遼寧義縣奉國寺千年遺產保護實踐評析，冼寧、申唯真，瀋陽建築大學學報（社會科學版），2020 年第 3 期。
4193. 奉國千年可賦 千年奉國當歌——《中國建築文化遺產傳承創新．奉國寺倡議》感悟與解讀，金磊，建築設計管理，2020 年第 11 期。
4194. 基於遼塔研究分析石佛寺塔、塔灣舍利塔發展路徑，陳祉伊，旅遊縱覽（下半月），2020 年第 2 期。
4195. 再現無垢淨光舍利塔，侯妍文，工業設計，2016 年第 9 期。
4196. 遼陽白塔磚雕的紋飾探究，王丹，瀋陽大學碩士學位論文，2017 年。
4197. 遼陽白塔：東北最高的磚塔，王含，僑園，2020 年第 5 期。
4198. 遼西遼代四面塔和八面塔塔身圖像內容和形式比較研究——以朝陽北塔和錦州廣濟寺塔為例，沈曉東、奚純、洪春英，美與時代（上），2019 年第 6 期。
4199. 遼西遼塔文化的再生價值與發展路徑，沈曉東、奚純、何蘭，美與時代（上），2019 年第 3 期。

4200. 鐵嶺市境內遼塔及遼代塔基的調查與研究，周向永、劉文革，遼金史論集（第十七輯），中國社會科學出版社，2019 年。
4201. 遼寧朝陽遼塔特徵及維修前後對比調研，馬文濤、王冬冬，文物建築（第 12 輯），科學出版社，2019 年。
4202. 朝陽北塔形制和建築藝術的研究，趙欣然，居舍，2017 年第 27 期。
4203. 朝陽北塔：東北第一塔，朱銘，僑園，2020 年第 5 期。
4204. 朝陽北塔：講述千年不衰的佛教故事，闞湛，中國民族報，2018 年 7 月 24 日第 8 版。
4205. 回眸海城三塔，朱聲，僑園，2020 年第 5 期。
4206. 遼寧興城磨石溝塔形制淺議，馬雪峰，大眾文藝，2016 年第 22 期。
4207. 遼寧白塔峪塔數理特徵探析，顧宗耀、王卓男，建築與文化，2020 年第 5 期。
4208. 淺析崇興寺雙塔構造特點及建造工藝，張阿荔，居舍，2018 年第 1 期。
4209. 走近北鎮崇興寺雙塔，張弘良，僑園，2020 年第 5 期。
4210. 錦州大廣濟寺塔建築研究，李佳星，藝術品鑒，2018 年第 12Z 期。
4211. 錦州廣濟寺塔尺度構成與比例關係探析，張娜，建築與文化，2019 年第 1 期。
4212. 廣濟寺塔乃錦州八景之一，劉夢，僑園，2020 年第 5 期。
4213. 黃花灘塔構造特點及建造年代，孫航、楊春輝，遼金歷史與考古（第九輯），科學出版社，2018 年。
4214. 農安遼塔歷千年 依稀可見契丹風，王可航，吉林畫報，2019 年第 7 期。
4215. 河南金代磚塔研究，王廣建，中原工學院碩士學位論文，2019 年。
4216. 延安石窟概述，張華，文博，2016 年第 4 期。
4217. 延安市寶塔區石窯調查簡報，楊軍、白曉龍，文物春秋，2019 年第 6 期。

（二）碑刻、墓誌

4218. 唐代奚・契丹史研究と石刻史料，森部豊，関西大學東西學術研究所紀要（49），2016 年。
4219. 《全金石刻文輯校》疑校百二十例，王玉亭、孫綿，北方文物，2017 年第 3 期。

4220. 《全金石刻文輯校》獻疑百例，孫綿、王玉亭，黑龍江社會科學，2017 年第 4 期。

4221. 《全金石刻文輯校》疑校九十例，薛瑩輝、王玉亭，遼金歷史與考古（第九輯），科學出版社，2018 年。

4222. 《全金石刻文輯校》佚文七則，李俊義，遼金史論集（第十四輯），中國社會科學出版社，2016 年。

4223. 邢臺開元寺金石文獻研究初探，王霖、呂賀，邢臺學院學報，2020 年第 4 期。

4224. 我國內蒙古及寧夏、甘肅等地金代石刻輯校，樊運景，內蒙古大學學報（哲學社會科學版），2017 年第 4 期。

4225. A Study on Buddhist Stones Regarding Displaced People from Balhae（渤海）to Shandong in Jin（金）Dynasty，朴現圭，*Sogang Journal of Early Korean History*, Volume 34, 2020.

4226. 山西澤州縣宋金石刻初探——以《三晉石刻大全・晉城市澤州縣卷》為基礎，高元宦，文物鑒定與鑒賞，2019 年第 15 期。

4227. 金朝早期道教石刻與文獻資料解析，山田俊，（臺灣）師大學報（64 卷 1 期），2019 年 3 月。

4228. 唐代契丹人墓誌に関する一考察：遼寧省朝陽市博物館所蔵新出墓誌の紹介を兼ねて，森部豊，関西大學アジア文化研究センターディスカッションペーパー（13），2016 年。

4229. 遼博館藏遼代石刻碑誌資料的整理與研究，齊偉、尹天武，遼金歷史與考古（第十輯），科學出版社，2019 年。

4230. 遼代碑誌定名瑣議，張海莉、王志華，遼寧省博物館館刊（2019），遼海出版社，2019 年。

4231. 《遼大康四年穀積山院讀藏經之記碑》考，高連東，遼金歷史與考古（第八輯），科學出版社，2017 年。

4232. 遼上京南發現一座遼代碑刻，石豔軍，草原文物，2016 年第 2 期。

4233. 遼上京遺址出土殘碑芻議，趙里萌，北方文物，2020 年第 5 期。

4234. 關於遼代翰魯朵的看法，趙運富，文物鑒定與鑒賞，2017 年第 11 期。

4235. 舍利供養與護法——補釋雲居寺的兩方遼代碑刻，尤李、張愛民，世界宗教研究，2020 年第 3 期。

4236. 《興中府尹銀青改建三學寺□供給道□千人邑碑銘並序》考釋，王志鋼，遼寧工程技術大學學報（社會科學版），2018 年第 1 期。
4237. 遼《妙行大師行狀碑》考釋，于秀麗、李宇峰，遼金歷史與考古（第九輯），科學出版社，2018 年。
4238. 房山十字寺遼、元二碑與景教關係考，王曉靜，北京史學（總第 9 輯），社會科學文獻出版社，2019 年。
4239. 宋金元公據碑整理與研究，王夢光，中國政法大學碩士學位論文，2018 年。
4240. 大金得勝陀頌碑，孫兆貴，文存閱刊，2016 年第 2 期。
4241. 那塊大金得勝陀頌碑，畢瑋琳、張紅玉，吉林日報，2017 年 9 月 16 日第 4 版。
4242. 扶餘市德勝鎮：金太祖完顏阿骨打興兵滅遼誓師地，畢瑋琳、張紅玉，吉林日報，2017 年 9 月 16 日第 4 版。
4243. 重塑空間與記憶——《大金得勝陀頌碑》研究，張鵬，美術研究，2020 年第 1 期。
4244. 「大金得勝陀頌」碑漢字碑文探析，王浩然，軍事史林，2020 年第 11 期。
4245. 金源郡王神道碑碑文的記事特點，王久宇，遼金史論集（第十六輯），黑龍江人民出版社，2017 年。
4246. 完顏希尹神道碑所反映的金朝女真貴族集團內的矛盾，龐嘉敏，哈爾濱師範大學社會科學學報，2019 年第 1 期。
4247. 完顏希尹神道碑官爵名號解析，王久宇，遼金史論集（第十七輯），中國社會科學出版社，2019 年。
4248. 完顏希尹神道碑官爵名號解析，王久宇、楊鳳菊，古籍整理研究學刊，2020 年第 2 期。
4249. 完顏婁室神道碑銘文史事解析，孫夢瑤，哈爾濱師範大學社會科學學報，2019 年第 3 期。
4250. 完顏婁室神道碑所涉及部分東北地名述略，王久宇、王鎬源，北方文物，2020 年第 1 期。
4251. 《太師梁忠烈王祠堂碑記》的史料價值，龐嘉敏、王久宇，哈爾濱師範大學社會科學學報，2020 年第 3 期。

4252. 《東相王村董家莊雙堠碑》考釋，陳曉偉，遼寧工程技術大學學報（社會科學版），2016 年第 4 期。
4253. 宋金時期的里堠碑，周峰，四川文物，2017 年第 6 期。
4254. 金元以來山陝水利圖碑與歷史水權問題，張俊峰，山西大學學報（哲學社會科學版），2017 年第 3 期。
4255. 奉國寺明昌碑後的故事，王占國，東北史研究，2016 年第 1 期。
4256. 曲陽縣八會寺發現宋金《敕賜利民侯》碑，劉占利、呂興娟、張建鎖，文物春秋，2016 年第 3 期。
4257. 金代賜額度牒碑探析，王浩，古代法律碑刻研究（第一輯），中國政法大學出版社，2019 年。
4258. 泰山谷山寺敕牒碑碑陰文考論，郭篤凌，泰山學院學報，2016 年第 2 期。
4259. 洛陽市伊濱區李村鎮新出「興國院敕牒」碑考釋，江敏，洛陽考古（總第 18 期），中州古籍出版社，2017 年。
4260. 山西晉城古旌忠廟金碑考，關樹東，遼金歷史與考古（第七輯），遼寧教育出版社，2017 年。
4261. 考釋金代刻旌忠廟牒碑，邱新泉，文物鑒定與鑒賞，2020 年第 14 期。
4262. 《明真大師古文墓碑》與《崔真靜古文像贊》考證，李春桃，宗教學研究，2020 年第 2 期。
4263. 井陘之金代狀元撰文碑——張果羽化井陘仙翁山傳說，陳生明，檔案天地，2020 年第 5 期。
4264. 遼寧北票金代長壽院殘碑考釋，都惜青、姜洪軍，遼金歷史與考古（第十一輯），科學出版社，2020 年。
4265. 金代稷山段氏墓碑輯校，鄧國軍，國學，2018 年第 1 期。
4266. 金代《丁家泉三教仙石洞記》考釋——兼論延安清涼山仙石洞的營建，石建剛、萬鵬程，宋史研究論叢（第 23 輯），科學出版社，2018 年。
4267. 金代神廟舞臺碑記，薛瑞兆，江蘇大學學報（社會科學版），2016 年第 3 期。
4268. 大金重修唐太宗廟碑芻議，張志攀，文博，2020 年第 3 期。
4269. 大金定州創建圓教院牒並記碑考，王麗花，文物春秋，2020 年第 4 期。
4270. 法門寺金代三件石刻述評，劉衛東，中國書法，2020 年第 4 期。

4271. 以「書」禮佛——法門寺博物館所藏石刻探賾，張東升，文物鑒定與鑒賞，2018 年第 19 期。

4272. 扶風法門寺《張信甫等題名碑》考釋，賀宏亮，書法，2020 年第 4 期。

4273. 金元之際泰安徂徠時氏家族三通碑刻及其家族史實初探，楊鵬云，泰山學院學報，2019 年第 3 期。

4274. 雲岡石窟第 3 窟新發現銘文淺釋（上），員小中、王雁翔，大同日報，2020 年 10 月 16 日第 6 版。

4275. 雲岡石窟第 3 窟新發現銘文淺釋（下），員小中、王雁翔，大同日報，2020 年 10 月 30 日第 6 版。

4276. 北京房山孔水洞金代摩崖題記新考，馬壘，北京文博文叢，2016 年第 4 輯。

4277. 富縣石泓寺石窟歷代題記識讀與分析，劉振剛、王玉芳，敦煌學輯刊，2016 年第 3 期。

4278. 易縣雙塔庵金代王寂摩崖題記考釋，周峰，文物春秋，2017 年第 3 期。

4279. 昌黎碣石山金元時期的題記，孫伯君，遼金史論集（第十五輯），科學出版社，2017 年。

4280. 陝西神木清涼寺石窟金代漢文題刻校錄與研究，石建剛、喬建軍、徐海兵，西夏學（第十八輯），甘肅文化出版社，2019 年。

4281. 真定路墨史堂石刻，賈蕾、劉友恒，當代人，2017 年第 8 期。

4282. 遼代經幢的類型、內容及其對人生的終極關懷，朱滿良，西夏研究，2016 年第 4 期。

4283. 巴林左旗洞山「遼乾統十年經幢」再考，王玉亭、高娃、于靜波，遼金歷史與考古（第八輯），科學出版社，2017 年。

4284. 天津薊縣盤山天成寺「大朝丁酉」悉曇梵字經幢，丁垚、劉翔宇、張思銳、陳戰、蔡習軍、劉斌，文物，2016 年第 7 期。

4285. 遼陽《東京勝嚴寺彥公禪師塔銘》補議，李智裕，北方文物，2017 年第 3 期。

4286. 遼《無垢淨光大陁羅尼法舍利經記》考釋，杜曉敏，遼金歷史與考古（第九輯），科學出版社，2018 年。

4287. 安和尚塔誌研究，杜恒永，藝術品鑒，2018 年第 6X 期。

4288. 一個契丹化的遼代漢人家族——翟文化幢考釋，周峰，契丹學研究（第一輯），商務印書館，2019 年。

4289. 北票市博物館藏兩經幢簡介，齊偉、姜洪軍，遼金歷史與考古（第九輯），科學出版社，2018 年。

4290. 唐宋遼時期河北發現經幢的初步研究，邢晨，河北師範大學碩士學位論文，2018 年。

4291. 寶坻石經幢，張書穎，文物鑒定與鑒賞，2019 年第 3 期。

4292. 金天眷元年《穀積山院建佛頂尊勝陀羅尼幢》考，馬壘，文物春秋，2016 年第 2 期。

4293. 康平博物館館藏金代石經幢淺析，胡榮繁，遼金歷史與考古（第八輯），科學出版社，2017 年。

4294. 五臺山佛頂尊勝陀羅尼經幢初探，周祝英，五臺山研究，2019 年第 3 期。

4295. 頂幢補識，謝鴻權，文物，2016 年第 11 期。

4296. 遼代墓誌撰者研究，李雅茹，遼寧師範大學碩士學位論文，2019 年。

4297. Tents, Towns and Topography : How Chinese-Language Liao Epitaphs Depicted the Moving Court, Lance Pursey, *Journal of Song-Yuan Studies*, Volume 48, 2019.

4298. 十件遼代漢字墓誌銘的錄文，劉鳳翥，遼金歷史與考古（第十輯），科學出版社，2019 年。

4299. 朝陽新出五方遼代墓誌及相關問題考論，陳守義，渤海大學學報（哲學社會科學版），2019 年第 5 期。

4300. 史學視域下的遼人墓誌之用典，張國慶，遼金歷史與考古（第十一輯），科學出版社，2020 年。

4301. 遼聖宗貴妃玄堂誌銘獻疑，康鵬，隋唐遼宋金元史論叢（第八輯），上海古籍出版社，2018 年。

4302. 遼《貴妃蕭氏墓誌》補考，劉洋、張振軍，遼寧省博物館館刊（2019），遼海出版社，2019 年。

4303. 唐山發現的遼代許國公墓誌銘考釋，趙薇，文物鑒定與鑒賞，2018 年第 1 期。

4304. 《許國公墓誌銘》為贋品說，劉鳳翥，遼金歷史與考古（第十一輯），科學出版社，2020 年。
4305. 遼代耶律弘禮墓誌考釋，萬雄飛、司偉偉，考古，2018 年第 6 期。
4306. 遼代《耶律弘禮墓誌》考釋，李玉君、李宇峰，遼金歷史與考古（第十輯），科學出版社，2019 年。
4307. 遼《耶律善慶墓誌》考釋，胡娟、海勇，遼金歷史與考古（第九輯），科學出版社，2018 年。
4308. 遼《耶律宗政墓誌》校勘考釋，劉洋，遼寧省博物館館刊（2017），遼海出版社，2018 年。
4309. 淺談《耶律宗政墓誌》，陳誼，東方藏品，2017 年第 3 期。
4310. 遼蕭公妻耶律氏墓誌銘考證，蓋之庸，契丹學研究（第一輯），商務印書館，2019 年。
4311. 遼代《耶律延□墓誌銘》校勘補述，王玉亭、姝雯、葛華廷、王青煜，遼金歷史與考古（第十一輯），科學出版社，2020 年。
4312. 遼代奚王蕭京墓誌銘文釋讀，任愛君，遼金史論集（第十七輯），中國社會科學出版社，2019 年。
4313. 遼代奚王蕭京墓誌銘文釋讀，任愛君、任笑羽，遼寧師範大學學報（社會科學版），2020 年第 5 期。
4314. 《遼蕭德順墓誌銘》考釋，李俊義、張夢雪，中國國家博物館館刊，2016 年第 1 期。
4315. 蕭天佐的墳與西孤山子遼墓主人考，楊連勝，文物鑒定與鑒賞，2019 年第 24 期。
4316. 遼梁國太妃墓誌相關問題考，韓世明、都興智，黑龍江社會科學，2016 年第 5 期。
4317. 《秦晉國妃墓誌》「有詔於顯陵」解讀——兼談遼代寢殿學士制度，萬雄飛、陳慧，邊疆考古研究（第 19 輯），科學出版社，2016 年。
4318. 也談《蕭旼墓誌銘》真偽問題，都興智，遼金史論集（第十六輯），黑龍江人民出版社，2017 年。
4319. 遼代蕭紹宗墓誌銘和耶律燕哥墓誌銘考釋補述，李宇峰，遼寧省博物館館刊（2015），遼海出版社，2016 年。
4320. 後唐德妃伊氏墓誌銘釋考，馬鳳磊，草原文物，2016 年第 2 期。

4321. 後唐德妃墓誌考釋——兼論遼墓的「中朝軌式」，崔世平，考古，2019 年第 12 期。
4322. 新出《大契丹國故後唐德妃伊氏玄堂志並銘》考釋，劉喆，寧夏大學學報（人文社會科學版），2018 年第 2 期。
4323. 遼代韓德讓墓誌考釋，萬雄飛、司偉偉，考古，2020 年第 5 期。
4324. 遼耶律隆運墓誌補考——兼論韓知古家族身份的轉變，常志浩、李玉君，黑龍江民族叢刊，2020 第 6 期。
4325. 遼故東郡夫人康氏墓誌銘考釋，王雁華，文物春秋，2020 年第 1 期。
4326. 北京密雲大唐莊出土遼代墓誌考釋，孫猛，中國國家博物館館刊，2016 年第 2 期。
4327. 北京出土遼代李熙墓誌考釋，孫猛、胡傳聳，北方文物，2016 年第 1 期。
4328. 遼姚璹墓誌淺釋，陳金梅，遼寧省博物館館刊（2015），遼海出版社，2016 年。
4329. 劉六符墓誌簡述，王策、周宇，北京文博文叢，2016 年第 2 輯。
4330. 遼馮從順墓誌研究（一），呂媛媛，旅順博物館學苑（2019），萬卷出版公司，2020 年。
4331. 遼代《姚企暉墓誌銘》與蒙元姚樞、姚燧家族，陳曉偉、劉憲禎，中央民族大學學報（哲學社會科學版），2016 年第 5 期。
4332. 遼代《陳顗妻曹氏墓誌》所見漢名「弘孝」駁議，齊香鈞，北方文物，2016 年第 1 期。
4333. 《韓宇墓誌銘》為贗品，劉鳳翥，遼金歷史與考古（第七輯），遼寧教育出版社，2017 年。
4334. 遼代韓宇墓誌考釋，周峰，地域文化研究，2018 年第 6 期。
4335. 遼代張郁墓誌考釋，么乃亮，中國國家博物館館刊，2017 年第 10 期。
4336. 遼代劉知新三兄弟墓誌考釋，李道新，遼金歷史與考古（第八輯），科學出版社，2017 年。
4337. 遼寧北票市發現遼代楊從顯墓誌，姜洪軍，遼金歷史與考古（第八輯），科學出版社，2017 年。
4338. 遼《賈師訓墓誌》考釋，李宇峰、李廣奇，遼金歷史與考古（第八輯），科學出版社，2017 年。

4339. 遼《鄭恪墓誌》考釋，谷麗芬，遼金歷史與考古（第八輯），科學出版社，2017 年。

4340. 遼寧朝陽縣發現遼代《王仲興墓誌》，張振軍，遼金歷史與考古（第八輯），科學出版社，2017 年。

4341. 遼王仲興墓誌補考——兼論墓誌撰者楊丘文事蹟，常志浩、王玉亭，北方文物，2020 年第 5 期。

4342. 《四耶耶骨棺蓋墨書墓記》新考，何山，重慶第二師範學院學報，2016 年第 4 期。

4343. 遼代《劉承嗣墓誌》考釋，李玉君、張曉昂，遼寧師範大學學報（社會科學版），2018 年第 1 期。

4344. 遼代韓櫛墓誌相關問題考釋，馮璐、李宇峰，蘭臺世界，2018 年第 10 期。

4345. 遼《王說墓誌銘》考釋——兼論遼中京為中晚期首都，李宇峰，遼寧省博物館館刊（2017），遼海出版社，2018 年。

4346. 遼代劉鑄墓誌考釋，周峰，西夏研究，2018 年第 1 期。

4347. 遼代《馬審章墓誌》考釋，周峰，遼金歷史與考古（第九輯），科學出版社，2018 年。

4348. 遼《韓德源嫡妻李氏墓誌》校補，王玉亭、葛華廷、陳穎，遼金歷史與考古（第九輯），科學出版社，2018 年。

4349. 遼《馮從順墓誌》考釋，李廣奇，遼金歷史與考古（第九輯），科學出版社，2018 年。

4350. 蔚縣博物館藏《大遼吳湜奉為先亡父丞制銘石序》墓誌，楊海勇，中外交流，2019 年第 13 期。

4351. 遼《楊從顯墓誌》補考，徐沂蒙，遼金歷史與考古（第十輯），科學出版社，2019 年。

4352. 遼《高嵩墓誌》校勘及淺釋，陳金梅、李莉，遼金歷史與考古（第十輯），科學出版社，2019 年。

4353. 遼《耿延毅墓誌》《耿延毅妻耶律氏墓誌》《耿知新墓誌》勘誤，張意承，白城師範學院學報，2019 年第 5 期。

4354. 遼《呂士宗墓誌》用典考論，李俊，契丹學研究（第一輯），商務印書館，2019 年。

4355. 遼《張建立墓誌》相關問題再考釋，張意承、李玉君，赤峰學院學報（漢文哲學社會科學版），2020 年第 6 期。
4356. 遼《孟初墓誌》考，楊亦武，遼金歷史與考古（第十一輯），科學出版社，2020 年。
4357. 遼代韓佚墓誌中所見「大契丹國」考釋，喬宇，文化學刊，2020 年第 1 期。
4358. 《大遼歸化州故殿直張公墓誌銘》考釋，顧春軍，文物天地，2020 年第 12 期。
4359. 金代墓葬、墓誌與陝西社會考述，黨斌，古籍整理研究學刊，2016 年第 5 期。
4360. 北京地區金代墓誌、墓碑與石生淺析，丁力娜，遼金史論集（第十五輯），科學出版社，2017 年。
4361. 偽齊《孟邦雄墓誌銘》考釋，王新英，吉林師範大學學報（人文社會科學版），2016 年第 2 期。
4362. 偽齊《傅肇墓誌銘》考釋，王新英，邢臺學院學報，2019 年第 4 期。
4363. 金代《李摶墓誌銘》考釋，王新英，學問，2016 年第 5 期。
4364. 金代《時立愛墓誌考釋》補釋，湯豔傑，東方藏品，2018 年第 4 期。
4365. 金代時立愛家族成員《時昌國墓誌銘》考釋，王新英，北方文物，2016 年第 1 期。
4366. 金時昌國石棺刻文考釋，孫建權，文物春秋，2020 年第 1 期。
4367. 金代時立愛家族成員時豐妻張氏墓誌銘考釋，王新英，北方文物，2017 年第 4 期。
4368. 《高夫人葬記》考釋，李智裕、苗霖霖，遼金史論集（第十六輯），黑龍江人民出版社，2017 年。
4369. 金《孫即康墳祭文》暨遼《孫克構墓誌銘》考釋，孫建權，中國國家博物館館刊，2016 年第 6 期。
4370. 大金進義校尉焦君墓誌研究，陳朝雲、劉夢娜，中原文物，2017 年第 1 期。
4371. 金代王琳墓銘考釋，周峰，黑龍江社會科學，2018 年第 1 期。
4372. 金代劉正墓銘考釋，周峰，宋史研究論叢（第 23 輯），科學出版社，2018 年。

4373. 金代郭周墓銘考釋，周峰，北方文物，2018 年第 2 期。

4374. 金代陳廣墓道表考釋，周峰，哈爾濱師範大學社會科學學報，2018 年第 3 期。

4375. 金代趙好古墓誌考釋，周峰，北京文博文叢，2018 年第 3 輯。

4376. 金代石宗璧墓誌與北京通州之得名，魯曉帆、龔向軍，收藏家，2018 年第 9 期。

4377. 金《張岐墓誌》考釋，都興智，遼金歷史與考古（第九輯），科學出版社，2018 年。

4378. 金代《故徵事郎長葛縣簿郭公墓誌銘》考釋，裴興榮、王玉貞，史志學刊，2019 年第 2 期。

4379. 金代《李立墓誌》考釋，周峰，遼金歷史與考古（第十輯），科學出版社，2019 年。

4380. 金代趙珪墓碣小考，周峰，北京文物，2019 年第 6 期第 3 版。

4381. 金代黃斡窩魯不墓誌考釋，周峰，遼金歷史與考古（第十一輯），科學出版社，2020 年。

4382. 新見《大金故文林郎明公（參）墓誌銘》考析，武振偉，濱州學院學報，2020 年第 3 期。

4383. 濟源出土宋代楊志墓誌考釋，孫瑞隆，焦作師範高等專科學校學報，2019 年第 4 期。

4384. 金代買地券考述，宋德金，北方文物，2017 年第 1 期。

4385. 喀左官大海出土兩塊金代買地券，侯申光，遼金歷史與考古（第八輯），科學出版社，2017 年。

（三）官印、印章

4386. 遼上京博物館藏花押印選介，張興國、于靜波，遼金歷史與考古（第八輯），科學出版社，2017 年。

4387. 遼代「女真鹿官戶太保印」銅印補議，李智裕，北方文物，2016 年第 3 期。

4388. 古印藏品中的精靈——契丹童子押印鈕式初識，石宏斌，遊艇，2018 年第 5 期。

4389. 金代官印背後的金末困局，葉帥，黑河學院學報，2019 年第 10 期。

4390. 人事有代謝 往來成古今 試析旅順博物館藏金代官印，楊亮，收藏家，2017 年第 1 期。
4391. 岫岩滿族自治縣滿族博物館館藏金代官印，楊旭東、王立偉，遼金歷史與考古（第九輯），科學出版社，2018 年。
4392. 綏德縣博物館藏印考訂，張清文、史一媛，文物鑒定與鑒賞，2018 年第 2 期。
4393. 安徽師範大學博物館藏金代官印，劉錚，文物，2018 年第 5 期。
4394. 韓國國立中央博物館藏金元官印，薛磊，文物，2019 年第 7 期。
4395. 黑龍江出土金代官印的風格特徵研究，常樂著，哈爾濱師範大學碩士學位論文，2018 年。
4396. 東北地區金代猛安謀克官印初步研究，寇博文，大連大學碩士學位論文，2016 年。
4397. 金代「窟忒忽達葛謀克印」考辨，劉玉玲，北方文物，2019 年第 2 期。
4398. 「曷蘇昆山謀克之印」歷史信息的再解讀，李秀蓮，北方文物，2019 年第 1 期。
4399. 從金代「曷蘇昆山謀克之印」到明代哈三千戶所，李秀蓮，地域文化研究，2018 年第 4 期。
4400. 克拉斯諾亞羅夫斯克城址出土的謀克官印，B・A・別利亞耶夫、C・B・西多羅維奇著，楊振福譯，東方博物（第 65 輯），中國書店，2017 年。
4401. 熟坑傳世的遼代「順州刺史印」，孫家潭，天津日報，2016 年 5 月 13 日第 11 版。
4402. 生坑鏽美的金代「完州司侯司印」，孫家潭，天津日報，2016 年 5 月 27 日第 11 版。
4403. 四方金代銅印見證軍事編制，柳燕、衣文聰，東方收藏，2016 年第 5 期。
4404. 黑河市西溝古城發現金代經略使司之印研究，王禹浪、謝春河，哈爾濱學院學報，2017 年第 10 期。
4405. 臨朐博物館藏秦二世詔版及金都統之印，孫名昌，文物鑒定與鑒賞，2017 年第 6 期。
4406. 都統之印，南窖之印，梁盼，中國藝術報，2019 年 10 月 18 日第 8 版。
4407. 金代九疊篆印藝術鑒賞，張立玫，文物天地，2018 年第 9 期。

4408. 釋一方九疊篆官印，李亮亮、劉威，中國文物報，2017 年 5 月 30 日第 5 版。
4409. 金「忠孝軍閏字號萬戶印」，董娜，東方藏品，2017 年第 1 期。
4410. 金代紀年萬戶印銅印解讀，張米，文物天地，2018 年第 5 期。
4411. 黑水城出土 X24 國公令印文考辨，張笑峰，寧夏社會科學，2019 年第 5 期。
4412. 塔虎城出土金代押印考略，馬洪，北方文物，2019 年第 3 期。

（四）銅鏡

4413. 遼宋金銅鏡辨識舉例，童立紅、李宇峰，遼金歷史與考古（第八輯），科學出版社，2017 年。
4414. 遼代銅鏡探析，李陽，內蒙古大學碩士學位論文，2016 年。
4415. 遼代銅鏡上的佛教藝術，付崇、許憶，東方收藏，2016 年第 7 期。
4416. 遼代銅鏡中龍紋樣式初探，蘆博文、劉威、方建軍，藝術科技，2016 年第 10 期。
4417. 由朝陽博物館的幾件銅鏡看遼歷史文化，楊娜，文物鑒定與鑒賞，2018 年第 22 期。
4418. 通遼市博物館藏遼金銅鏡，李國峰，收藏，2019 年第 11 期。
4419. 大同市博物館館藏遼金銅鏡賞析，姬強，文物鑒定與鑒賞，2020 年第 23 期。
4420. 金代の金屬遺物：銅鏡と官印について（金・女真の歴史とユーラシア東方；金代の遺跡と文物），高橋學而，アジア遊學（233），2019 年 4 月。
4421. 金代銅鏡主要特徵管窺，關燕妮，大慶社會科學，2016 年第 4 期。
4422. 論宋金銅鏡上的紋飾與思想，陸曉洪，收藏投資導刊，2017 年第 21 期。
4423. 金代銅鏡紋飾研究——以上京地區為中心，史策，哈爾濱師範大學碩士學位論文，2017 年。
4424. 金代銅鏡紋飾及其文化內涵，趙志良，理財・收藏，2020 年第 4 期。
4425. 金代銅鏡的藝術及款識賞析，高松，文物鑒定與鑒賞，2020 年第 23 期。
4426. 金代銅鏡及款識賞析，勾海燕，文物天地，2018 年第 9 期。

4427. 臨夏州博物館館藏金代刻字銅鏡賞析，杜馬玉，文物鑒定與鑒賞，2017 年第 5 期。
4428. 銅鑒上京：「金・源」展中的金代銅鏡，付國靜，收藏，2018 年第 3 期。
4429. 天水地區宋金銅鏡初步整理與研究，陳紅波、文軍，文物鑒定與鑒賞，2020 年第 15 期。
4430. 從實物看宋金元明時期陝西銅鏡鑄造，呼嘯，文博，2019 年第 5 期。
4431. 鏡背萬象：寶雞地區館藏宋金銅鏡拾萃，崔睿華、王保平，收藏，2018 年第 1 期。
4432. 本溪博物館藏金代銅鏡再認識，郭晶，遼金歷史與考古（第九輯），科學出版社，2018 年。
4433. 葫蘆島市博物館館藏金代銅鏡簡介，李樂，遼金歷史與考古（第九輯），科學出版社，2018 年。
4434. 灤南縣文物管理所收藏銅鏡選介，杜志軍，文物春秋，2019 年第 3 期。
4435. 山東地區館藏金元明紀年銅鏡，布明虎，收藏家，2020 年第 12 期。
4436. 青島市即墨區博物館館藏唐宋金時期銅鏡賞析，姜保國，理財（收藏），2018 年第 12 期。
4437. 館藏人物故事題材類銅鏡賞析，陳新宇，文物鑒定與鑒賞，2016 年第 1 期。
4438. 金代人物故事鏡探微，赫歆，中央民族大學碩士學位論文，2016 年。
4439. 略論金代人物鏡，闞燕妮，草原文物，2019 年第 2 期。
4440. 金代故事鏡考，尹釗、李根、張繼超，收藏與投資，2016 年第 7 期。
4441. 金代銅鏡中的人物故事（上），付崇、許憶，東方收藏，2016 年第 9 期。
4442. 金代銅鏡中的人物故事（下），付崇、許憶，東方收藏，2016 年第 11 期。
4443. 銅鏡背面的故事——館藏宋、金時期人物故事銅鏡鑒賞，劉嬌，文物鑒定與鑒賞，2017 年第 8 期。
4444. 宋金時期人物故事鏡，尹釗、李根、張繼超，收藏，2018 年第 7 期。
4445. 天水市博物館館藏「柳毅傳書鏡」的時代背景，賈坤，文物鑒定與鑒賞，2017 年第 11 期。
4446. 會寧縣博物館館藏金「柳毅傳書」鏡鑒賞，孫銀治，文物鑒定與鑒賞，2019 年第 15 期。
4447. 許由巢父故事鏡淺議，火麗娜，文物鑒定與鑒賞，2020 年第 5 期。

4448. 董永孝義人物故事鏡，尹釗、李根、張繼超，收藏，2018 年第 9 期。
4449. 天水市博物館藏 Z0933 清白連弧紋銅鏡初探天水——「清白」銘文釋讀及「大定十年成紀黑洪字號□（花押）」題記考釋，陳紅波，文物鑒定與鑒賞，2016 年第 11 期。
4450. 「犀牛望月」鏡小考，郭學雷，裝飾，2016 年第 8 期。
4451. 金代摩羯鏡，李宏斌，絲綢之路，2017 年第 8 期。
4452. 金「草莓花果紋鏡」小考，徐沂蒙，文博，2017 年第 6 期。
4453. 客從遠方來，遺我雙鯉魚——Z0916 金雙魚紋銅鏡的文化內涵，陳紅波，天水行政學院學報（哲學社會科學版），2017 年第 1 期。
4454. 雙魚紋大銅鏡，張偉，黑龍江日報，2018 年 2 月 16 日第 2 版。
4455. 關於金代雙魚紋鏡的解讀，倪雪梅，赤子，2018 年第 5 期。
4456. 一面「三瑞花鏡」的年代斷定及相關思考，徐沂蒙，赤峰學院學報（漢文哲學社會科學版），2018 年第 4 期。

（五）陶瓷

4457. 略談遼代陶瓷的繼承及發展，隋志剛，遺產與保護研究，2019 年第 3 期。
4458. 契丹國（遼朝）時代の陶枕について：陶磁器における唐宋時代の継承と斷絕，町田吉隆，神戸市立工業高等専門學校研究紀要（54），2016 年。
4459. 遼國擄掠各地窯工燒製瓷器，吳限，遼寧日報，2017 年 9 月 2 日第 5 版。
4460. 試論契丹陶瓷的「周緣性」——以唾壺和陶枕為例，（日）町田吉隆著，尹鈺譯，遼金歷史與考古（第八輯），科學出版社，2017 年。
4461. 遼代紀年陶瓷器研究，林皓，中國社會科學院研究生院碩士學位論文，2017 年。
4462. 遼瓷研究初探，單丹，遼寧廣播電視大學學報，2019 年第 3 期。
4463. 遼瓷：馬蹄聲消 釋彩影魅，王雷，當代工人，2020 年第 11 期。
4464. 遼河文明與當代遼瓷研究，陳仲琛，中國陶瓷工業，2017 年第 1 期。
4465. 淺析遼瓷藝術在中國陶瓷史上的獨特性，王彤，明日風尚，2017 年第 2 期。
4466. 淺析遼代瓷器分期演變，崔想，明日風尚，2018 年第 8 期。

4467. 遼瓷的藝術發展脈絡研究，陳仲琛，藝術工作，2016 年第 3 期。
4468. 淺談遼代陶瓷的民族特徵之美，闞濤、許鑫，明日風尚，2020 年第 2 期。
4469. 遼瓷中的民族文化元素簡析，陳仲琛、陳文霖，中國陶瓷工業，2016 年第 3 期。
4470. 從民族關係角度研究遼代陶瓷，趙子鈞 北京理工大學碩士學位論文，2016 年。
4471. 論遼代陶瓷中的伊斯蘭文化元素——以七連環圖案為例，付承章，草原文物，2018 年第 2 期。
4472. 通遼館藏遼代陶瓷精品，李鐵軍，收藏，2016 第 19 期。
4473. 論遼瓷的造型、裝飾語言在現代陶藝創作中的應用研究，張大偉，內蒙古師範大學碩士學位論文，2016 年。
4474. 遼瓷的造型、裝飾及美學藝術特徵分析，崔想，藝術研究，2018 年第 4 期。
4475. 遼代陶瓷造型研究述評，張亞林、趙聰寐，陶瓷學報，2018 年第 4 期。
4476. 遼代陶瓷造型的設計學分析，王鑫、趙聰寐，包裝工程，2018 第 16 期。
4477. 契物與文化——遼代陶瓷造型演變與游牧文化變遷，趙聰寐、王鑫，陶瓷研究，2019 年第 2 期。
4478. 遼代社會變遷對遼瓷造型的影響，王赫德，陶瓷研究，陶瓷研究，2019 年第 2 期。
4479. 製器尚象——談遼瓷仿生造型，蔚慧怡，大眾文藝，2020 年第 12 期。
4480. 遼瓷特色器型產生的原因，陳仲琛、陳盈君，美術大觀，2016 年第 3 期。
4481. 對鞍山墓葬出土的陶製十字的探究，李剛、翟斯丹，遼金歷史與考古（第八輯），科學出版社，2017 年。
4482. 淺析「草原絲綢之路」的發展對遼代陶瓷器型的影響，武天祐，大眾文藝，2020 年第 11 期。
4483. 從一方印佛陶模看遼上京與西域的聯繫，葛華廷，遼金歷史與考古（第八輯），科學出版社，2017 年。
4484. 遼代陶瓷的裝飾研究，刁穎瑞，吉林大學碩士學位論文，2018 年。
4485. 略論遼代陶瓷的裝飾技法及紋樣，馬雁飛，文物鑒定與鑒賞，2019 年第 24 期。

4486. 遼代篦紋陶器施紋工藝研究——以城崗子城址出土陶器為例，李含笑、彭善國，北方文物，2019 年第 1 期。

4487. 芍藥牡丹相映紅：遼代陶瓷上的牡丹與芍藥紋，楊俊豔，收藏，2018 年第 4 期。

4488. 遼代兔紋瓷器淺述，米向軍，東方收藏，2019 年第 23 期。

4489. 所謂遼代白釉劃花黑彩瓷器的年代及相關問題，彭善國、高義夫，故宮博物院院刊，2018 年第 5 期。

4490. 北方地區黑釉瓷器分期與裝飾釉研究，魏芙蓉，中國民族博覽，2019 年第 8 期。

4491. 遼寧朝陽發現的遼代黃釉器，許穎、安樂，遼金歷史與考古（第十輯），科學出版社，2019 年。

4492. 基於遼代瓷器感知意象的文化設計特徵研究，朱月、鄧成連，包裝工程，2020 年第 12 期。

4493. 出土瓷器所見遼金燕雲地區政治及文化變遷，常樂，文物春秋，2020 年第 2 期。

4494. 從「遼瓷」看契丹人的生活，黃曉蕾，赤峰學院學報（漢文哲學社會科學版），2019 年第 9 期。

4495. 案上芳華：遼代的陶瓷文房用具，楊俊豔，收藏，2018 年第 6 期。

4496. 〈調查報告〉宣化地方遼時代張世卿壁畫墓に描かれた器物：陶磁器を中心として，李含，人文（17），2019 年 3 月。

4497. 遼代品官貴族墓出土瓷器研究，李茜，天津師範大學碩士學位論文，2020 年。

4498. 基於北京地區出土遼金瓷器分析，李博楊，新絲路（中旬），2020 年第 5 期。

4499. 西京瓷路：大同出土遼金瓷器印跡，張麗，收藏，2018 年第 1 期。

4500. 大同西三環遼金墓出土的陶瓷器，李虹波、李白軍，收藏，2017 年第 8 期。

4501. 遼代陶瓷器賞析，巴牧仁，文物鑒定與鑒賞，2018 年第 19 期。

4502. 內蒙古巴彥塔拉遺址出土瓷器研究，王馨瑤、李明華，契丹學研究（第一輯），商務印書館，2019 年。

4503. 遼代赤峰與中原的文化交流——以瓷器為例，陳俊君，文藝生活（下旬刊），2019 年第 2 期。

4504. 黑龍江省博物館藏遼代陶瓷器管窺，佟強、楊永琴，文物天地，2018 年第 9 期。

4505. 凌源市博物館藏遼瓷精品簡述，韓波、陳利，遼金歷史與考古（第十輯），科學出版社，2019 年。

4506. 朝陽遼代劉文學墓出土影青瓷器賞鑒，韓國祥、蔡強，文物天地，2020 年第 9 期。

4507. 遼代綠琉璃瓦殘塊的分析研究，孫鳳、王若蘇、許惠攀、劉成、黃風升，光譜學與光譜分析，2019 年第 12 期。

4508. 金代の在地土器と遺跡の諸相（金・女真の歴史とユーラシア東方；金代の遺跡と文物），中澤寛將，アジア遊學（233），2019 年 4 月。

4509. 金代の陶磁器生産と流通（金・女真の歴史とユーラシア東方；金代の遺跡と文物），町田吉隆，アジア遊學（233），2019 年 4 月。

4510. 金代瓷器的初步探索，潘麗，赤子（上中旬），2016 年第 1 期。

4511. 南宋境內出土金朝瓷器研究，于陸洋，南方文物，2019 年第 1 期。

4512. 金上京出土矽酸鹽文物分析，呂竑樹、崔劍鋒、周雪琪、劉陽、趙永軍，北方文物，2019 年第 1 期。

4513. 宋金元時期豫晉製瓷業的發展與交融，衡云花，山西河津窯研究，科學出版社，2019 年。

4514. 關中地區出土宋金元瓷器初步研究，楊子，復旦大學碩士學位論文，2018 年。

4515. 山東出土宋金元瓷器初步研究，周瑞，吉林大學碩士學位論文，2018 年。

4516. 北方地區宋元時期白地黑花瓷器初步研究，馬萌萌，吉林大學碩士學位論文，2016 年。

4517. 2000 年黃驊市海豐鎮遺址出土金代瓷器初探，潘曉暾，吉林大學碩士學位論文，2017 年。

4518. 河南浚縣黃河故道瓷器遺存發掘簡報，河南省文物考古研究院、浚縣文物旅遊局，中原文物，2017 年第 3 期。

4519. 2014 年開封新街口出土宋元時期瓷器標本，王三營、曹金萍，中原文物，2017 年第 3 期。

4520. 詩酒相伴 金代李居柔墓出土瓷器、石硯與銅鏡，于春雷、苗軼飛，收藏，2016 年第 11 期。
4521. 河北博物院藏金代瓷器珍品，夏文峰，東方收藏，2017 年第 2 期。
4522. 宋金瓷器上的吉祥寓意圖案，張藝薇，東方收藏，2017 年第 7 期。
4523. 宋金瓷器池塘水禽紋初探，隋璐，北方文物，2016 年第 4 期。
4524. 金代陶瓷上的秋葵——兼談秋葵紋樣的多重意味，常櫻，裝飾，2019 年第 1 期。
4525. 山西宋金瓷器牡丹紋樣在現代生活中的應用設計，張靜、李小燕，風景名勝，2019 年第 1 期。
4526. 金代陶瓷裝飾紋樣的圖像學闡釋——以牡丹紋、龍紋為例，山丹，陶瓷研究，2020 年第 6 期。
4527. 宋、金、元時期瓷器上的夔龍紋與螭龍紋，楊俊豔，收藏，2020 年第 6 期。
4528. 竹馬走童兒 宋金陶瓷上所見童子竹馬圖，杜文，收藏，2020 年第 3 期。
4529. 河南地區宋金時期墓葬出土瓷器初步研究，牛舒婧，西北大學碩士學位論文，2017 年。
4530. 開封出土的宋金玩具陶模，葛奇峰，收藏，2017 年第 6 期。
4531. 論金元時期長安陶瓷風格的延續與變遷，王茸茸，百花，2020 年第 2 期。
4532. 山西地區宋金窯址採集瓷片科技研究，解晉，山西大學碩士學位論文，2017 年。
4533. 宋金時期絞釉工藝淺析，楊喆，幸福生活指南，2018 年第 6 期。
4534. 山西地區宋元時期白地黑花瓷器初步研究，馮宵慧，山西大學碩士學位論文，2017 年。
4535. 黑釉凸線紋瓷器初探，馬萌萌，中國國家博物館館刊，2017 年第 2 期。
4536. 山西地區白地赭彩產品年代考，于陸洋，山西河津窯研究，科學出版社，2019 年。
4537. 官字款鑲金扣花口盤，李豔陽，內蒙古日報（漢），2018 年 4 月 24 日第 12 版。
4538. 唐宋民窯留佳句，霍華，書摘，2018 年第 1 期。
4539. 山西地區部分古代瓷窯採集瓷片的成分分析，解晉，山西河津窯研究，科學出版社，2019 年。

4540. 蒲州故城出土宋金時期青瓷EDXRF分析，王洋，山西河津窯研究，科學出版社，2019年。
4541. 應時而興——唐五代宋金陶瓷的鑒藏和交易，吳明娣、常乃青，藝術市場，2019年第6期。
4542. 遼三彩與契丹文化，山丹，陶瓷研究，2019年第2期。
4543. 遼三彩的藝術特徵，陳仲琛，美術大觀，2016年第4期。
4544. 試論遼三彩的藝術價值，沙大禹，文物鑒定與鑒賞，2016年第4期。
4545. 遼三彩藝術語言研究，許曉政、孫一鳴，大觀，2019年第1期。
4546. 唐三彩與遼三彩製作工藝比較研究，黑麗娜，內蒙古師範大學碩士學位論文，2019年。
4547. 內蒙古館藏遼三彩，趙曉峰，收藏，2016年第7期。
4548. 朝陽博物館藏的幾件遼三彩，張桂鳳，遼金歷史與考古（第八輯），科學出版社，2017年。
4549. 北京龍泉務窯遼三彩陶瓷，姚慶，收藏家，2017年第3期。
4550. 遼三彩印花海棠式長盤淺析，高守雷、張童心，北方文物，2018年第2期。
4551. 建平博物館館藏遼三彩，張微，遼金歷史與考古（第十一輯），科學出版社，2020年。
4552. 赤峰博物館藏遼代三彩器賞析，賈秀梅，東方收藏，2020年第13期。
4553. 遼陽江官屯窯陶瓷藝術發展研究，魯毅，美術大觀，2017年第1期。
4554. 遼陽江官屯出土的瓷器分析，關濤、張安彤，藝術品鑒，2020年第23期。
4555. 論遼陽江官屯窯出土的陶瓷動物俑與古人的情感連接，潘淨晶，陶瓷研究，2019年第4期。
4556. 遼陽江官屯出土的瓷器分析，關濤、張安彤，藝術品鑒，2020年第23期。
4557. 北京龍泉務窯及遼代其他瓷窯的發掘與初步研究，王睿，考古、藝術與歷史——楊泓先生八秩華誕紀念文集，文物出版社，2018年。
4558. 契丹陶磁の「周縁性」に関する検討（5）北京龍泉務窯の発展をめぐって，町田吉隆，神戸市立工業高等専門學校研究紀要（56），2018年3月。

4559. 北京龍泉務窯與內蒙古赤峰缸瓦窯之比較研究，王睿，東亞都城和帝陵考古與契丹遼文化國際學術研討會論文集，科學出版社，2016 年。

4560. 赤峰缸瓦窯陶瓷器賞析，關善明，收藏界，2016 年第 10 期。

4561. 遼代白瓷——溯源民族文化的延傳與融合，賈忱揚，大眾文藝，2018 年第 3 期。

4562. 遼中京遺址採集細白瓷的成分分析及年代問題研究，張吉、李義、韓爽、俞莉娜、崔劍鋒、徐怡濤，文物保護與考古科學，2017 年第 5 期。

4563. 淺談館藏「遼白瓷」，張鴻超，文物鑒定與鑒賞，2017 年第 6 期。

4564. 淺析朝陽北塔出土遼代白瓷器，張海莉，遼金歷史與考古（第十一輯），科學出版社，2020 年。

4565. 金朝白瓷研究，劉惠毓，南京大學碩士學位論文，2016 年。

4566. 宋金時期韓日出土中國白瓷的比較研究，尹恩珠，東方博物，2017 年第 1 期。

4567. 河南浚縣黃河故道出土白瓷的窯口歸屬，孟耀虎，文物天地，2018 年第 8 期。

4568. 淺析金代白瓷上的紅色標記，趙里萌，文物春秋，2017 年第 2 期。

4569. 遼代雞冠壺研究，劉璐，中央美術學院碩士學位論文，2018 年。

4570. 關於雞冠壺的再認識，李豔陽，遼金史論集（第十五輯），科學出版社，2017 年。

4571. 淺談雞冠壺，孫成傑，卷宗，2019 年第 24 期。

4572. 遼代陶瓷雞冠壺造型研究，劉茜，陶瓷研究，2019 年第 2 期。

4573. 略論遼代雞冠壺的形制及演變，田野，中國民族博覽，2017 年第 4 期。

4574. 遼瓷穿孔式「雞冠壺」造型演變特徵研究，王赫德、李正安，中國陶瓷，2020 年第 2 期。

4575. 遼代陶瓷器皿雞冠壺特徵分析，李楠，遺產與保護研究，2018 年第 8 期。

4576. 騎風獵韻——遼代陶瓷器皿雞冠壺藝術特徵摭拾，曹習芳，中國美術學院碩士學位論文，2016 年。

4577. 遼瓷雞冠壺傳統紋樣在文化創意產品設計中的應用，高雨辰、趙婕，包裝工程，2020 年第 4 期。

4578. 陶瓷皮囊壺對比研究——以唐代與遼代的陶瓷皮囊壺為例，王琦，榮寶齋，2019 年第 11 期。
4579. 「捺鉢」習俗境遇下遼瓷穿帶扁壺設計研究，王赫德、趙曉彥、郭秀娟，裝飾，2020 年第 7 期。
4580. 這把遼代壺為何與眾不同，王敏娜，遼寧日報，2017 年 1 月 18 日第 18 版。
4581. 淄川博物館館藏遼代倒灌壺賞析，石峰，文物鑒定與鑒賞，2020 年第 7 期。
4582. 契丹（遼）における茶薬・香薬文化：供養の器：白磁刻花蓮弁文壺・白磁方碟・輪花盤（淺井和春教授退任記念號；淺井和春教授退任記念文集），淺沼桂子，パラゴーネ ＝Paragone（5），2018 年 3 月。
4583. 遼代鳳首瓶（壺）定名辨析——以朝陽博物館館藏文物為例，王冬冬，遼金歷史與考古（第八輯），科學出版社，2017 年。
4584. 北票博物館藏遼白瓷雌雄鳳首瓶，王永蘭、趙志偉，遼金歷史與考古（第八輯），科學出版社，2017 年。
4585. 遼金時期雞腿瓶研究，李彬彬，遼寧師範大學碩士學位論文，2020 年。
4586. 山東濟南發現「濟南酒使司」題字四系瓶，高繼習，東方考古（第 14 集），科學出版社，2017 年。
4587. 魏晉至宋金瓷瓶造型藝術研究，王飛凱，包裝工程，2018 年第 12 期。
4588. 試析遼陶瓷折肩罐，彭善國，裝飾，2016 年第 8 期。
4589. 大同地區出土的塔形罐研究，王利民，文物天地，2020 年第 9 期。
4590. 金代黑釉凸線紋罐鑒賞，王勁松，大眾文藝，2018 年第 1 期。
4591. 宋金出土瓷香爐初步研究，王楷，山西大學碩士學位論文，2017 年。
4592. 宋金時期蓮花形瓷爐芻議，彭曉雲，榮寶齋，2020 年第 4 期。
4593. 造型各異的古代三彩瓷枕，姜兵，東方收藏，2020 年第 13 期。
4594. 宋金三彩瓷枕研究，麻夢琳，景德鎮陶瓷大學碩士學位論文，2019 年。
4595. 「枕語」古陶瓷枕鑒賞專題：文物枕史，李秋晨，收藏，2018 年第 6 期。
4596. 夢落華枕——宋金綠釉瓷枕鑒賞，王瑞鋼，東方收藏，2020 年第 15 期。
4597. 西漢南越王博物館館藏宋金時期陶瓷枕，陳健，藝術品鑒，2020 年第 17 期。
4598. 從南越王博物館藏枕看山西金代陶瓷枕，陳馨，收藏，2016 年第 3 期。

4599. 兩岸故宮博物院珍藏的古代瓷枕，韓建紅，東方收藏，2020 年第 13 期。
4600. 韓城藏陶瓷枕集賞，陳紅玲，收藏，2016 年第 23 期。
4601. 瓷枕漫談——以平頂山博物館館藏瓷枕為例，鞏鐳，科教文匯（下旬刊），2016 年第 7 期。
4602. 新鄉市博物館藏宋金動物紋陶瓷枕，王元黎，文物春秋，2020 年第 4 期。
4603. 類型與願景：宋金瓷枕上的水波紋，常櫻，裝飾，2017 年第 11 期。
4604. 枕上嬰戲：兩宋金元時期嬰戲枕的紋飾特點，黃巧好，文物天地，2020 年第 8 期。
4605. 風流亦在市井間 新鄉市博物館藏宋金元陶瓷詩文枕，王元黎、段佳薇，收藏，2019 年第 5 期。
4606. 宋金元時期有字瓷枕的類型，王志霞、楊建軍，黃河・黃土・黃種人，2017 年第 14 期。
4607. 淺析瓷枕上的文字裝飾，董劍橋，東方收藏，2020 年第 13 期。
4608. 古汴枕話——隋唐大運河宿州段出土瓷枕賞析，涂喬，文物鑒定與鑒賞，2016 年第 8 期。
4609. 曲陽澗西區出土定窯瓷器整理與研究，孫華，河北大學碩士學位論文，2017 年。
4610. 談定窯刻畫花瓷器的發展與演變，穆青，收藏，2017 年第 1 期。
4611. 宋金定窯瓷器的裝飾藝術，李曄，收藏，2017 年第 1 期。
4612. 定瓷集珍 河北博物院藏定瓷精華，雷靜，收藏，2017 年第 1 期。
4613. 論定窯「尚食局」款瓷器的分期問題，黃信，文物春秋，2019 年第 4 期。
4614. 「尚食局」銘定瓷再議，劉濤，收藏，2017 年第 1 期。
4615. 歷代定窯白瓷的 EDXRF 和 XAFS 分析，張茂林、汪麗華、李其江、吳軍明，光譜學與光譜分析，2017 年第 5 期。
4616. 瓜瓞綿綿儲慶遠——記定窯瓜瓞形執壺，李晞、秦大樹，自然與文化遺產研究，2019 年第 12 期。
4617. 談談鈞瓷的幾個概念，李民舉，故宮博物院院刊，2017 年第 3 期。
4618. 鈞窯概念的形成及其產品時代辨析，徐華烽，故宮博物院院刊，2017 年第 3 期。
4619. 宋元鈞瓷的差異，薛續友，理財（收藏），2017 年第 6 期。

4620. 河南博物院藏鈞釉瓷器，朱宏秋，中原文物，2017 年第 3 期。
4621. 北方地區金元時期鈞釉瓷器的考古學研究，徐瀟，吉林大學碩士學位論文，2018 年。
4622. 河北博物院收藏的幾件鈞窯瓷器，張曉，文物春秋，2017 年第 3 期。
4623. 論金元時期墓葬出土鈞窯瓷器特徵，張迪，洛陽理工學院學報（社會科學版），2020 年第 4 期。
4624. 雅致生活小對象 文集遺址鈞釉雞心形瓜棱執壺功能探析，楊浩淼，大眾考古，2020 年第 2 期。
4625. 天青—冬青—月白：耀州窯陶瓷五百年，康蕊君，文物天地，2019 年第 9 期。
4626. 耀州窯與古代山西窯業的互動交流，陳寧寧，山西河津窯研究，科學出版社，2019 年。
4627. 耀州窯瓷器的熱釋光特性研究及年代測定，吳婧瑋、夏君定、龔玉武、熊樱菲，文物保護與考古科學，2016 年第 4 期。
4628. 巧如范金 精比琢玉——試論耀州窯的工藝特徵，施泳峰，文物鑒定與鑒賞，2016 年第 2 期。
4629. 新見耀州窯青瓷擷英，魏超，收藏，2018 年第 1 期。
4630. 耀州窯青瓷魚龍形器功能小考，李曉豔、李慧淨，遼金歷史與考古（第八輯），科學出版社，2017 年。
4631. 遼寧省博物館藏遼墓出土耀州窯青瓷魚龍形器功能小考，李曉豔、李慧淨，遼金歷史與考古（第九輯），科學出版社，2018 年。
4632. 碧玉妝成——宋金耀州窯青釉刻印花枕與孩兒枕，杜文，收藏家，2018 年第 7 期。
4633. 宋金磁州窯彩繪裝飾藝術研究，靳雅權，山東大學博士學位論文，2018 年。
4634. 枕上風光：宋金元時期磁州窯瓷枕紋飾研究，宋志嶺，景德鎮陶瓷大學碩士學位論文，2019 年。
4635. 磁州窯嬰戲紋人物形象研究，夏學穎，華北理工大學碩士學位論文，2017 年。
4636. 宋金時期磁州窯白地黑花瓷與吉州窯彩繪瓷對比研究，周益誠，景德鎮陶瓷大學碩士學位論文，2019 年。

4637. 宋元時期磁州窯瓷盆研究，石碩，西北師範大學碩士學位論文，2020年。

4638. 磁州窯籠盔文化研究，潘慧鳴、關鍵，陶瓷研究，2020年第2期。

4639. 磁州窯：金元陶瓷枕，武貞，收藏，2018年第6期。

4640. 千年夢華——宋金元時期的磁州窯瓷枕，粟磊，東方收藏，2020年第13期。

4641. 書畫枕上的「抗爭」金元磁州窯作品賞析，龐楓陶、龐洪奇，人民週刊，2016年第10期合刊。

4642. 宋金元磁州窯瓷器題樂府詩輯考，楊明璋，樂府學，2018年第1期。

4643. 枕上文章——西漢南越王博物館歷年徵集的宋金元詩文枕，黃明樂，文物天地，2019年第9期。

4644. 磁州窯魚紋紋飾研究，王強山，華北理工大學碩士學位論文，2017年。

4645. 黑白相生最幽宜——安陽博物館藏磁州窯白地黑花瓷枕賞析，楊紅梅，文物天地，2018年第8期。

4646. 磁州窯白地黑花豆形枕斷代新考，張麗萍、張美芳，中國文物報，2020年7月28日第7版。

4647. 圖像與知識的建構——宋元時期磁州窯瓷枕研究，鄭以墨，中國美術研究，2017年第4期。

4648. 從竹雀到素竹——金元磁州窯瓷枕「竹」紋傳承演變，常櫻，收藏與投資，2016年第11、12期合刊。

4649. 宋金時期磁州窯係嬰戲枕研究，趙麗敏，湖南大學碩士學位論文，2016年。

4650. 淺析金代磁州窯山水紋瓷枕的斷代依據，王增廣，文物鑑定與鑒賞，2020年第19期。

4651. 漫談金元枕上花鳥畫的筆致意韻——以西漢南越王博物館瓷枕藏品為例，梁惠彤，文物天地，2019年第9期。

4652. 圖式的傳播與變遷——金元時期磁州窯瓷枕的鷹逐兔圖研究，鄭以墨、王麗麗、習化娜，裝飾，2020年第6期。

4653. 從「張家造」到「王家造」：宋元時期磁州窯係瓷枕的題款與品牌，薄小鈞，美成在久，2020年第5期。

4654. 河北名窯井陘窯及其陶瓷產品，雷靜，收藏，2017年第2期。

4655. 金代井陘窯鹿紋瓷枕賞鑒，李立華，中國文物報，2020 年 6 月 3 日第 7 版。

4656. 關於淄博窯係的探討，高岩、宗英傑，陶瓷科學與藝術，2016 年第 1 期。

4657. 淄博窯金代鼎盛原因初探，高岩，陶瓷科學與藝術，2020 年第 10 期。

4658. 淄博窯魚紋裝飾初探，王小琿，陶瓷研究，2020 年第 1 期。

4659. 淄博窯鐵銹花，盛秉祥、安春平、王建華，東方收藏，2017 年第 10 期。

4660. 淄博窯宋金陶塑玩具印模及陶塑，胡秋莉、王濱，收藏，2018 年第 8 期。

4661. 淄博陶瓷瑰寶「金三彩」，魏傳來，陶瓷科學與藝術，2017 年第 8 期。

4662. 金代三彩蓮花燈，張海蓉，淄博日報，2019 年 8 月 27 日第 6 版。

4663. 淄博市陶瓷博物館藏淄博窯的金三彩獅形燈，王登峰、常海波，東方收藏，2020 年第 15 期。

4664. 淄博市博物館藏博山大街窯金三彩獅形器，張沖，文物天地，2020 年第 3 期。

4665. 金代博山窯三彩印花枕，李鴻雁，淄博日報，2019 年 8 月 27 日第 6 版。

4666. 河南禹州扒村窯白底黑花瓷繪藝術探討，郭君健，中華文化論壇，2017 年第 7 期。

4667. 扒村窯白地黑花瓷裝飾中的美術元素分析，余猛、黃寧馨，美與時代（中），2017 年第 3 期。

4668. 宋金元時期扒村窯瓷器賞析，張迪，收藏家，2018 年第 6 期。

4669. 瓷畫璧合的扒村窯瓷器，倘紅，收藏，2018 年第 3 期。

4670. 金代鶴壁窯金黃釉大盆賞析，李建東、潘海波，理財（收藏），2017 年第 10 期。

4671. 淺析宋金時期鶴壁窯白釉蓋盒，李建東、張秦森，理財（收藏），2017 年第 12 期。

4672. 河南鶴壁窯瓷器發展及興衰，趙曉瑞，藝術品鑒，2020 年第 18 期。

4673. 從「民族性」談紅綠彩的繼承與創新，賀成華，景德鎮陶瓷大學碩士學位論文，2019 年。

4674. 宋金時期紅綠彩中「線」的獨立審美特徵探究，賀寶菲，景德鎮陶瓷大學碩士學位論文，2020 年。

4675. 淺談陶瓷紅綠彩的色彩與裝飾研究，王武，大眾文藝，2017 年第 19 期。

4676. 淺析磁州窯紅綠彩瓷塑藝術風格及其審美思想，王琦、陳曉瑩、張建，邯鄲職業技術學院學報，2017 年第 1 期。
4677. 試析金代白釉紅綠彩瓷的彩繪技法的淵源及其影響，王愛國，文物世界，2020 年第 1 期。
4678. 論金磁州窯紅綠彩瓷對明清古彩瓷的影響，錢繹竹、馬冀，美術教育研究，2018 年第 19 期。
4679. 紅綠彩瓷與八義瓷窯，林俊，聯合日報，2017 年 1 月 14 日第 4 版。
4680. 金代山西八義窯紅綠彩瓷研究，范競元，景德鎮陶瓷大學碩士學位論文，2018 年。
4681. 穿紅著綠，窺視宋金磁州窯彩繪人物象，邯鄲楊，收藏·拍賣，2020 年第 8 期。
4682. 宋金紅綠彩「磨喝樂」瓷偶研究，劉莞芸，景德鎮陶瓷大學碩士學位論文，2016 年。
4683. 金代鶴壁窯白釉紅綠彩嬰戲鵝硯滴賞析，李建東，理財·收藏，2020 年第 4 期。
4684. 山西河津窯的宏觀考古學研究，陳榮賢，山東大學碩士學位論文，2020 年。
4685. 山西河津、鄉寧瓷窯遺存調查簡況，曾昭冬、劉翠，文物世界，2017 年第 3 期。
4686. 山西河津固鎮宋金瓷窯址，賈堯，大眾考古，2017 年第 2 期。
4687. 改寫山西製瓷史 河津固鎮宋金瓷窯址，高振華、賈堯、王曉毅，大眾考古，2017 年第 5 期。
4688. 河津固鎮瓷窯址金代四號作坊出土瓷盤初探，杜廣元，山西大學碩士學位論文，2020 年。
4689. 河津固鎮瓷窯址金代四號作坊出土弦紋折腹缽初探，郭超然，山西大學碩士學位論文，2020 年。
4690. 河津窯金代黑畫花瓷器，孟耀虎，收藏家，2017 年第 7 期。
4691. 山西河津窯金代黑畫花瓷器，孟耀虎，收藏，2017 年第 6 期。
4692. 解開乾隆皇帝的誤會 金代河津窯陶瓷枕雅賞，趙凡奇，收藏，2019 年第 11 期。
4693. 河津固鎮金代陶瓷枕，賈堯、高振華，收藏，2017 年第 11 期。

4694. 河津固鎮瓷窯址金代 H29 發掘報告，山西省考古研究所、河津市文物局，山西河津窯研究，科學出版社，2019 年。
4695. 河津固鎮宋金瓷窯址三維數字記錄與復原展示研究，高振華、梁孝、孫先徒，山西河津窯研究，科學出版社，2019 年。
4696. 河津固鎮瓷窯址金代四號作坊出土弦紋缽初探，郭超然、賈堯，山西河津窯研究，科學出版社，2019 年。
4697. 河津固鎮瓷窯址金代四號作坊出土瓷盤初探，杜廣元、賈堯，山西河津窯研究，科學出版社，2019 年。
4698. 河津窯金代裝飾瓷枕概述，賈堯、王曉毅、高振華，山西河津窯研究，科學出版社，2019 年。
4699. 蒲津渡與蒲州故城遺址出土河津固鎮瓷窯址金代瓷器，賈堯、高振華、王曉毅，山西河津窯研究，科學出版社，2019 年。
4700. 山西金代河津窯陶瓷枕的考古發現與文化內涵，劉渤，山西河津窯研究，科學出版社，2019 年。
4701. 河津窯瓷枕製作工藝初探，王小娟、王曉毅，山西河津窯研究，科學出版社，2019 年。
4702. 河津固鎮窯址金代黑地白繪花瓷洗，梁孝、孫先徒，大眾考古，2017 年第 8 期。
4703. 河津窯黑地白花洗定名及裝飾研究，李曄，山西河津窯研究，科學出版社，2019 年。
4704. 故宮博物院藏河津窯瓷枕研究，黃衛文，山西河津窯研究，科學出版社，2019 年。
4705. 蒲州故城遺址出土陶、瓷器研究，張天琦，山西大學碩士學位論文，2016 年。
4706. 金代大官屯窯始末，劉立麗，北方文物，2016 年第 1 期。
4707. 山西省盂縣窯瓷器裝燒技法探究，王丹，文物世界，2016 年第 3 期。
4708. 河南宋金時期瓷窯遺存研究，張令，廣西師範大學碩士學位論文，2016 年。
4709. 安徽柳孜運河遺址出土定窯係瓷器研究，解華頂、張海濱，中原文物，2018 年第 4 期。

4710. 柳孜運河遺址出土刻蓮瓣白釉盞和青白釉碗的研究與修復，胡珺，中國科學技術大學碩士學位論文，2016 年。

4711. 柳孜運河遺址出土待修瓷器的檢測分析——以刻蓮瓣白釉盞和青白釉碗為例，胡珺、陳超、秦潁、龔德才，中國科學技術大學學報，2016 年第 10 期。

4712. 遼金西京大同窯，趙炳恩，大眾考古，2017 年第 9 期。

4713. 試論遼金大同瓷窯的裝飾風格，馬雁飛，文物天地，2020 年第 9 期。

4714. 大同窯、渾源窯黑釉剔花器的比較研究，曾昭冬，文物天地，2018 年第 5 期。

4715. 介休市博物館館藏宋金介休窯瓷器，段青蘭，文物世界，2016 年第 1 期。

4716. 試論山西介休窯——以故宮博物院藏品為中心，高小然、董健麗，山西河津窯研究，科學出版社，2019 年。

4717. 宋金時期介休洪山窯古陶瓷裝飾藝術研究，劉小旦，晉中學院學報，2018 年第 6 期。

4718. 魯山段店窯，一代名窯浮出水面，陳碩，收藏，2018 年第 1 期。

4719. 河南省魯山、郟縣、汝州、焦作古窯址調查記略，朱宏秋，博物院，2020 年第 3 期。

4720. 魯山段店窯瓷器精粹賞析，閆睿、靳花娜、牛愛紅、祝賀，文物天地，2020 年第 1 期。

4721. 新見魯山窯陶瓷品種及其工藝成就，馮志剛、賈寧，收藏，2018 年第 1 期。

4722. 宋金元時期的蕭窯瓷器——兼與河津窯瓷器比較，劉東，山西河津窯研究，科學出版社，2019 年。

4723. 宋金元時期的蕭窯瓷器探析，劉東，文物天地，2020 年第 9 期。

4724. 近年來蕭窯考古的新收穫，蔡波濤，文物天地，2020 年第 3 期。

4725. 21 世紀以來宋元時期北方加彩瓷窯址考古新進展，于陸洋、鄭建明，文物天地，2019 年第 2 期。

4726. 皖北古瓷窯考古發現與大運河文化帶建設，劉林、邱少貝，自然與文化遺產研究，2019 年第 10 期。

4727. 河南焦作宋元瓷窯與山西河津金元瓷窯的比較研究，趙宏，山西河津窯研究，科學出版社，2019 年。
4728. 山西地區古代瓷窯及瓷器概述，馮小琦，山西河津窯研究，科學出版社，2019 年。
4729. 太原孟家井榆次窯裝燒工藝初探，曹俊，山西河津窯研究，科學出版社，2019 年。
4730. 山西・平定窯「雲水瓷」，張文亮，陶瓷科學與藝術，2020 年第 6 期。
4731. 新發現的宋金時期烈山窯及其陶瓷產品，武可，收藏，2020 年第 7 期。
4732. 21 世紀以來宋（遼金）元時期三彩暨低溫釉陶窯址考古新進展，鄭建明、趙子豪，文物天地，2020 年第 5 期。
4733. 2013 年發掘之神垕鎮區古瓷窯遺址屬性考，孔大強，許昌學院學報，2020 年第 4 期。

（六）玉器

4734. 「春水玉」的考古學觀察，宋佳、馮恩學，東亞都城和帝陵考古與契丹遼文化國際學術研討會論文集，科學出版社，2016 年。
4735. 關於春水秋山玉的若干問題，劉麗萍，遼金歷史與考古（第八輯），科學出版社，2017 年。
4736. 馬背上的「春水秋山」——淺談春水玉秋山玉的藝術和收藏價值，李文秋，濟南日報，2017 年 7 月 4 日 B02 版。
4737. 淺談春水秋山玉，朱潔，收藏家，2018 年第 9 期。
4738. 遼金元時期春水秋山玉器特徵及傳承，王冠坤，中國地質大學（北京）碩士學位論文，2019 年。
4739. 春水秋山裏的張力與和諧——獨具一格的遼金元明玉佩，黃景路，中國寶石，2019 年第 5 期。
4740. 上海博物館館藏俏色「春水」、「秋山」玉飾的材質、皮色及年代研究，谷嫻子、熊櫻菲、龔玉武、盧婷婷，文物保護與考古科學，2017 年第 4 期。
4741. 試論俏色「春水」「秋山」玉的皮色真僞和年代問題，谷嫻子，宋遼金元玉器研究學術研討會論文集，科學出版社，2018 年。

4742. 淺析遼代玉器，成昕，宋遼金元玉器研究學術研討會論文集，科學出版社，2018 年。

4743. 遼代契丹族玉器中的西方文化因素探析，楊昕，北京民俗論叢（第七輯），中國社會科學出版社，2020 年。

4744. 草原絲綢之路視角下遼代玉器整理與研究，萬文君，北京文博文叢，2020 年第 2 輯。

4745. 中國北方草原玉紋飾的文化多樣性探析，龔伊林、吳珊，輕紡工業與技術，2019 年第 12 期。

4746. 草原帝國佛教金玉文化賞析，黃建淳，（臺灣）淡江史學（第 31 期），2019 年 9 月。

4747. 巧奪天工——朝陽北塔天宮出土玉器賞析，王志華，理財（收藏），2019 年第 3 期。

4748. 契丹玉器認知，于寶東、吳春雨，宋遼金元玉器研究學術研討會論文集，科學出版社，2018 年。

4749. 契丹、蒙古與西域玉雕 兼及新疆在中國玉雕傳統西傳過程中的特殊地位，許曉東，紫禁城，2018 年第 9 期。

4750. 契丹、蒙古與西域玉雕——兼及新疆在中國玉雕傳統西傳過程中的特殊地位，許曉東，宋遼金元玉器研究學術研討會論文集，科學出版社，2018 年。

4751. 奔馬與鴛鴦——北京藝術博物館藏兩件宋遼金元玉器的時代辨析，高塽，收藏家，2020 年第 1 期。

4752. 草原游牧文化與中原傳統文化碰撞下的遼代玉器——以遼墓中出土的玉鳥為例，高塽，收藏家，2018 年第 7 期。

4753. 遼陳國公主駙馬合葬墓玉器初步研究，丁哲，宋遼金元玉器研究學術研討會論文集，科學出版社，2018 年。

4754. 內蒙古敖漢旗張家營子村遼墓出土的胡人樂舞飲酒獻寶玉帶具考，劉雲輝、劉思哲，宋遼金元玉器研究學術研討會論文集，科學出版社，2018 年。

4755. 試析遼代玉器所受金銀器之深刻影響，吳沬，宋遼金元玉器研究學術研討會論文集，科學出版社，2018 年。

4756. 遼代佛教玉器欣賞——以中國國家博物館藏品為例，柴晨鳴，榮寶齋，2017 年第 6 期。
4757. 宋遼金時期玉飛天特點分析，徐春苓，宋遼金元玉器研究學術研討會論文集，科學出版社，2018 年。
4758. 宋遼金元禽鳥紋玉器賞析，楊進萍，宋遼金元玉器研究學術研討會論文集，科學出版社，2018 年。
4759. 遼代玉帶，穆朝娜，宋遼金元玉器研究學術研討會論文集，科學出版社，2018 年。
4760. 遼代「玉帶」圖形紋飾研究，魏航，文教資料，2017 年第 4 期。
4761. 玉魁考釋——從一件清宮流失的遼代玉器談起，徐琳，宋遼金元玉器研究學術研討會論文集，科學出版社，2018 年。
4762. 馴鶻玉人像考，云希正，宋遼金元玉器研究學術研討會論文集，科學出版社，2018 年。
4763. 山西宋元時期存世玉器簡析，董永剛，山西社會主義學院學報，2017 年第 2 期。
4764. 淺析金代玉器的使用和來源，白波，藝術研究（哈爾濱師範大學藝術學院學報），2018 年第 3 期。
4765. 淺析金代玉器的藝術特點，姚金，藝術科技，2018 年第 11 期。
4766. 金元玉器特徵探析，夏文峰，收藏家，2018 年第 9 期。
4767. 若干金朝宮廷（製造冊寶所）玉項飾的考證與鑒賞，林振山、林嘉木，文物鑒定與鑒賞，2018 年第 10 期。
4768. 玉中圖畫——北京地區出土的金代花鳥玉器，閆娟，文物天地，2016 年第 8 期。
4769. 龜游綠藻 鶴舞青松——金代青玉龜游荷葉玉飾，閆娟，首都博物館論叢（總第 31 輯），北京燕山出版社，2017 年。
4770. 金代「魚」造型紋飾的特點——以金源地區的玉器為例，史策，藝術品鑒，2017 年第 4 期。
4771. 對首都博物館館藏三件宋、金、元玉器的科學研究，于平、黃雪寅、趙瑞廷，宋遼金元玉器研究學術研討會論文集，科學出版社，2018 年。

（七）石器、石雕、石棺

4772. 黑龍江遼金時期出土石製品研究，王鑫玥，大慶社會科學，2019 年第 2 期。

4773. 新見石刻畫像《唐僧師徒取經歸程圖》辨識，蔡鐵鷹、吳明忠，淮海工學院學報（人文社會科學版），2016 年第 5 期。

4774. 遼代墓葬石刻的常見題材芻議——以鞍山地區遼墓畫像石為例，王立偉，遼金歷史與考古（第九輯），科學出版社，2018 年。

4775. 建昌縣發現遼代「武翁仲」，王岩頔，遼寧日報，2017 年 10 月 11 日第 13 版。

4776. 「蔣四耶耶」石棺的年代及相關問題研究，郝軍軍，文物，2016 年第 11 期。

4777. 朝陽龍城區出土的遼代石棺——兼談遼代朝陽地區佛教的發展，趙海傑、陳金梅，遼金歷史與考古（第九輯），科學出版社，2018 年。

4778. 朝陽袁臺子發現的遼代紀年石棺，于俊玉、許穎，遼寧省博物館館刊（2015），遼海出版社，2016 年。

4779. 一座遼代石棺的科學保護與復原，王賀、劉志勇、許正雄、齊軍，遼金歷史與考古（第十一輯），科學出版社，2020 年。

4780. 簡述朝陽博物館館藏遼代石棺四神像，王冬冬，遼金歷史與考古（第十一輯），科學出版社，2020 年。

4781. 遼代石質葬具研究，李影，金顏永晝：康平遼代契丹貴族墓專題，北京聯合出版公司，2019 年。

4782. 山西長治縣出土金代石棺，趙輝、劉岩，中國國家博物館館刊，2018 年第 6 期。

（八）木器

4783. 遼代墓葬出土木俑探析，聶定、李思雨，自然與文化遺產研究，2019 第 6 期。

4784. 大同地區的遼金家具探析，郝俊琦，文物世界，2016 年第 6 期。

4785. 遼代墓葬出土木質器具研究，聶定，赤峰學院學報（漢文哲學社會科學版），2017 年第 9 期。

4786. 吐爾基山遼墓出土彩繪木棺及棺床的保護修復，李威、徐崢，草原文物，2019 年第 1 期。
4787. 金元時期晉南「汾河木雕流派」的風格及演變，瞿煉，故宮博物院院刊，2017 年第 2 期。

（九）絲綢

4788. 遼代染織品に見られる鳥襷形式の文様に関する一考察，福本有壽子，美術史（65 卷 2 期），2016 年 3 月。
4789. 宋遼時期絲綢紋樣中球路紋的研究，劉葉寧，北京服裝學院碩士學位論文，2018 年。
4790. 從遼代刺繡的現存實物看其文化遺產價值，葉立群，中州大學學報，2020 年第 3 期。
4791. 絲綢之路背景下遼代外來文化因素文物探析，祁皓月，內蒙古師範大學碩士學位論文，2020 年。
4792. 唐宋時期夾纈織物中的文字研究，劉安定、葉洪光、李強，絲綢，2017 年第 4 期。
4793. 遼代契丹「綾錦緣刺繡皮囊」的藝術探析，何琳、卞向陽，藝術科技，2019 年第 5 期。
4794. 遼代刺繡——遼河文化涵養的藝術之花，葉立群，今日遼寧，2019 年第 5 期。
4795. 契丹・駙馬贈衛國王墓出土染織品について，福本（桑原）有壽子，美學論究（34），2019 年 3 月。
4796. 金代絲織藝術特色研究，樊思辰，哈爾濱師範大學碩士學位論文，2019 年。
4797. 五代宋金元時期回鶻對中原絲綢織金的影響，李曉瑜，藝術設計研究，2016 年第 4 期。
4798. 金代絲織中的金錦，白波、何忠、趙盼超，文化月刊，2018 年第 8 期。

（十）金屬器物

4799. 兼容承啟 遼風赫赫——遼代金銀器鑒賞，王曉陽，東方收藏，2020 年第 5 期。
4800. 遼代金銀器設計研究，樊進，南京藝術學院博士學位論文，2017 年。

4801. 遼代金飾品上體現出的民族特色，洪惠，東方收藏，2020 年第 12 期。
4802. 遼代金銀器中的西域胡文化因素，王春燕、馮恩學，北方民族考古（第 3 輯），科學出版社，2016 年。
4803. 多民族文化背景下契丹族金銀器紋飾的設計與審美意蘊，楊婧，輕紡工業與技術，2020 年第 8 期。
4804. 再論遼代金銀器的文化因素構成，王春燕，西部考古（第 15 輯），科學出版社，2018 年。
4805. 金玉，精緻生活不失奔放內涵，余一，收藏・拍賣，2020 年第 7 期。
4806. 內蒙古地區出土遼代黃金器物研究概述，石可、詠梅，山西大同大學學報（自然科學版），2018 年第 4 期。
4807. 赤峰地區出土唐宋時期金銀器藝術風格淺析，陶建英，草原文物，2016 年第 1 期。
4808. 試論影響遼宋金元金銀器圖像的因素，王卉，湖南省博物館館刊（第十三輯），嶽麓書社，2017 年。
4809. 馬背華器 流光溢彩——吐爾基山遼墓金銀器鑒賞，張彤，文物鑒定與鑒賞，2017 年第 5 期。
4810. 從沙金到金沙——遼寧康平遼代契丹貴族墓群黃金面具發現始末，林棟，大眾考古，2018 年第 12 期。
4811. 漫夜黎明 金顏永晝——瀋陽康平遼代契丹貴族墓出土黃金面具的前世今生，林棟，中國文物報，2019 年 6 月 21 日第 4 版。
4812. 南安寺塔地宮雙重簷舍利金銀塔藝術賞析及保護策略研究，王海闌，文物鑒定與鑒賞，2019 年第 18 期。
4813. 黑龍江省博物館藏金器賞析，王曉豔，收藏家，2020 年第 5 期。
4814. 腰際風情——黑龍江省博物館藏金代團花紋金帶銙賞析，朱博，文物天地，2018 年第 9 期。
4815. 雙面人形鎏金銀飾件，鄭承燕，內蒙古日報，2017 年 8 月 21 日第 6 版。
4816. 完顏婁室墓出土銀鑷子考，孫傳波，旅順博物館學苑（2019），萬卷出版公司，2020 年。
4817. 喀喇沁旗三百壟出土遼鎏金荔枝紋銅帶銙，李雲龍、李鳳舉，北方文物，2017 年第 4 期。

4818. 金源文物的一縷燦爛輝光——金源地區出土的兩件鎏金文物賞析，趙國華、關伯陽，中國民族美術，2017 年第 4 期。
4819. 試論遼代契丹金屬葬具，陳曉敏，金顏永晝：康平遼代契丹貴族墓專題，北京聯合出版公司，2019 年。
4820. 遼代金屬面具考，張佳琦，赤峰學院學報（漢文哲學社會科學版），2019 年第 4 期。
4821. 遼墓出土網衣編法三例，惠學軍，遼金歷史與考古（第八輯），科學出版社，2017 年。
4822. 吉林乾安後鳴字區遺址出土遼金時期金屬遺物初探，李辰元、武松、馮恩學、李延祥，中原文物，2018 年第 6 期。
4823. 遼上京博物館館藏遼代銅質文物研究，馬超，赤峰學院學報（漢文哲學社會科學版），2018 年第 11 期。
4824. 偏臉城大晟編鍾考述，夏宇旭，中國社會科學報，2020 年 6 月 2 日第 4 版。
4825. 察今知古——探析金代銅坐龍，李強，文物天地，2018 年第 9 期。
4826. 巴林左旗出土遼代青銅佛板圖像分析，李靜傑，敦煌研究，2016 年第 6 期。
4827. 試論遼代青銅蓮花形薰香爐的形制特點，趙曉峰，赤峰學院學報（漢文哲學社會科學版），2016 年第 1 期。
4828. 掩華如不發，含薰未肯然——一件珍貴遼代銅香具的再發現與研究，李健，首都博物館論叢（第 30 輯），北京燕山出版社，2016 年。
4829. 遼代出土銅鈴的研究，白藝汗，赤峰學院學報（漢文哲學社會科學版），2017 年第 7 期。
4830. 女真墓中出土銅鈴的類型與功能探討，梁娜、謝浩，地域文化研究，2017 年第 2 期。
4831. 遼寧遼陽市江官屯遺址出土的金代鐵器，肖新琦，北方文物，2017 年第 1 期。
4832. 江官屯遺址出土的鐵鎖，肖新琦，學問，2016 年第 6 期。
4833. 河北淶源縣閣院寺遼代鐵鍾考略，曹靜，收藏家，2020 年第 5 期。
4834. 赤峰市博物館藏遼代鐵骨朵，賈秀梅，東方收藏，2020 年第 5 期。

4835. 巴彥塔拉遼代遺址出土的鐵器及相關問題研究，李明華，赤峰學院學報（漢文哲學社會科學版），2018 年第 10 期。

（十一）其他文物

4836. 遼寧省博物館藏遼慶陵出土文物綜述，劉寧、孫力，東亞都城和帝陵考古與契丹遼文化國際學術研討會論文集，科學出版社，2016 年。
4837. 陳旗烏蘭丘發現 3 件遼代文物，辛穎，呼倫貝爾日報，2018 年 7 月 24 日第 1 版。
4838. 吉林農安遼代遺存中的渤海文化因素辨析，楊海鵬、徐景華，北方文物，2016 年第 3 期。
4839. 記城四家子古城流散文物，趙里萌、孟慶旭、梁會麗、魏佳明、王浩宇、郭美玲，遼金歷史與考古（第八輯），科學出版社，2017 年。
4840. 遼寧營口地區遼金文物鑒賞，魏耕雲、楊帥，文物鑒定與鑒賞，2017 年第 12 期。
4841. 遼寧營口地區遼金文物鑒賞，董佔，文物鑒定與鑒賞，2019 年第 13 期。
4842. 黑龍江撫遠市東輝墓群出土的文物，賀春豔，北方文物，2020 年第 3 期。
4843. 談黑龍江省出土的金代文物，李靖，才智，2016 年第 22 期。
4844. 我國境內金代墓葬出土飾品研究，于國佳，黑龍江大學碩士學位論文，2016 年。
4845. 多孔器研究，趙里萌，吉林大學碩士學位論文，2016 年。
4846. 耶律羽之墓出土「鎬型器」用途及其意義研究，聶定、史學方，文物鑒定與鑒賞，2019 年第 11 期。
4847. 通過陳國公主墓出土玻璃器看遼與中西亞的文化交流，常嵐，文物鑒定與鑒賞，2020 年第 23 期。
4848. 遼代出土串珠類瓔珞研究，李坤，中央民族大學碩士學位論文，2018 年。
4849. 遼塔出土佛教文物研究，郝斌，內蒙古師範大學碩士學位論文，2018 年。
4850. 淺析遼代契丹人的牡丹情懷，李悅，文物鑒定與鑒賞，2018 年第 17 期。
4851. 小議宋金窯址中植毛骨刷的功能，賈帥，北京文博文叢，2018 年第 4 輯。
4852. 遼代瑪瑙器研究，王永立，內蒙古大學碩士學位論文，2017 年。

4853. 探究遼代陳國公主墓出土的琥珀飾品的元素特點，朱春運，瀋陽師範大學碩士學位論文，2017 年。

4854. 西京硯與澤州硯的並聯研究——兼談館藏西京硯，胡昱，首都博物館論叢（第 30 輯），北京燕山出版社，2016 年。

4855. 北京金陵出土漆棺影響因素探析——兼談漆棺的傳播與發展，姜子強，文化與傳播，2019 年第 2 期。

4856. 考古所見宋元骨刷研究，賈帥，黑龍江大學碩士學位論文，2016 年。

4857. 遼金瓦當製作工藝的個案研究——以吉林省出土的瓦當標本為視角，石玉兵、盧成敢，北方文物，2017 年第 2 期。

4858. 吉林白城城四家子城址出土文字瓦初步研究，梁會麗，文物，2020 年第 4 期。

4859. 磁州窯妙音鳥的建築解讀，楊彩虹、楊豔、馬玉潔、武宇清，建築與文化，2020 年第 4 期。

4860. 金代長白山神廟遺址出土部分建築構件的材料學分析，趙俊傑、崔劍鋒，邊疆考古研究（第 27 輯），科學出版社，2020 年。

（十二）博物館

4861. 中國契丹遼博物館項目正式啟動，蔡鵬飛，赤峰日報，2017 年 10 月 11 日第 1 版。

4862. 契丹華采 千年流芳——「大遼契丹」策展記，鄭承燕，中國文物報，2017 年 8 月 29 日第 8 版。

4863. 金源文化的魅力彰顯——淺述哈爾濱市阿城區金上京歷史博物館現狀，趙國華，中國民族美術，2018 年第 1 期。

4864. 淺談文物與空間、色彩的處理——以《神秘的契丹——遼代文物精品展》為例，盧浩全，大眾文藝，2018 年第 11 期。

4865. 「大遼五京」再現契丹風雲，滕玲，地球，2018 年第 10 期。

4866. 大遼五京——內蒙古出土文物暨遼南京建城 1080 年展，收藏，2018 年第 11 期。

4867. 「契丹印象」遼代文物精品展，收藏，2020 年第 8 期。

4868. 讓每位觀者生成自己的契丹印象，雨田，收藏·拍賣，2020 年第 7 期。

4869. 遼文化，從契丹印象追溯別樣中國，輪奐，收藏·拍賣，2020 年第 7 期。

4870. 撥開迷霧，還原歷史上的契丹，馮翊，收藏・拍賣，2020 年第 7 期。

4871. 武備，兼具大唐遺風與草原特色，龔劍、不戒，收藏・拍賣，2020 年第 7 期。

4872. 「西京印跡——大同遼金文物展」巡展，彭贊超，中國遼夏金研究年鑒 2017，中國社會科學出版社，2020 年。

4873. 博物館展覽「走出去」的實踐探索——以內蒙古博物院赴荷蘭「大遼——中國・內蒙古契丹精品文物展」為例，張琦，文物鑒定與鑒賞，2020 年第 9 期。

4874. 契丹禮俗展示與利用研究：以乾安春捺鉢文化體驗園為例，杜飛，東北師範大學碩士學位論文，2018 年。

4875. 遼寧需要一座遼金博物館，盧立業、趙雪，遼寧日報，2018 年 8 月 16 日 T22 版。

4876. 「我在遼代的衣食住行」——遼寧省博物館青少年精品教育課程簡述，王璐，遼金歷史與考古（第九輯），科學出版社，2018 年。

4877. 「鐵騎帝國　契丹索跡」展覽舉要——兼談博物館在弘揚傳統文化中的作用，王曉寧、齊偉，遼金歷史與考古（第九輯），科學出版社，2018 年。

4878. 大和文華館　特別企劃展「宋と遼・金・西夏のやきもの」に寄せて，瀧朝子，陶說（778），2018 年 1 月。

4879. 北京：宋金磚雕影像展，文物天地，2017 年第 6 期。

4880. 生死同樂——山西金代戲曲磚雕藝術展，藝術品，2017 年第 9 期。

4881. 晉城博物館展陳金墓淺析，張淑平，文物世界，2019 年第 5 期。

4882. 地方性博物館臨時展覽研究——以開封市博物館金代銅鏡專題展為例，徐倩倩，文化產業，2019 年第 7 期。

4883. 憶晉陝豫冀古窯火　宋遼金元陶瓷特展擷珍，周文全，收藏，2019 年第 4 期。

4884. 河北博物院「磁州窯瓷枕精品展」，穆俏言，東方收藏，2019 年第 3 期。

（十三）文物保護

4885. 內蒙古自治區黨委書記石泰峰、國家文物局局長劉玉珠一同考察契丹遼文化遺產保護情況研究推進工作，李富，赤峰學院學報（漢文哲學社會科學版），2020 年第 6 期。

4886. 遼金時期歷史遺址遺跡保護立法調研工作情況的報告，吉林人大融媒體採訪報導組，吉林人大，2020 年第 9 期。
4887. 我市四處遺址入選國家大遺址「十三五」保護規劃，李富，赤峰日報，2016 年 12 月 20 日第 3 版。
4888. 赤峰市遼代都城州城帝陵遺址保護條例，赤峰日報，2019 年 12 月 26 日第 3 版。
4889. 遼上京遺址文化資源的保護與開發研究，馬紅亮，內蒙古師範大學碩士學位論文，2017 年。
4890. 內蒙古通遼市福巨城址法律保護研究，王新迪，內蒙古民族大學碩士學位論文，2020 年。
4891. 農安地區遼金古城址病害調查，王義學、劉肖睿、吳鐵軍，東北史地，2016 年第 3 期。
4892. 我國東北小型古城中的文物保護與鎮區環境再塑——以遼金塔子城為例，單超，遺產與保護研究，2018 年第 9 期。
4893. 從公眾考古角度看金上京遺址的保護與利用，鍾朗然、李博，遺產與保護研究，2017 年第 6 期。
4894. 金上京遺址文物如何「活」起來？史志強、樊金鋼，黑龍江日報，2020 年 11 月 25 日第 6 版。
4895. 長吉圖區域遺址景觀保護及應用策略研究——以吉林省安圖縣寶馬城遺址為例，常悅、嚴凡，建築與文化，2017 年第 10 期。
4896. 回憶 2016 年北京延慶金元時期古文化遺址盜掘大案，楊程斌，中國文物報，2019 年 8 月 13 日第 3 版。
4897. 保護利用完顏希尹家族墓地助力吉林振興發展，周雲波，吉林省社會主義學院學報，2018 年第 1 期。
4898. 天津薊縣盤山花崗岩風化特徵及其對千像寺石刻造像的影響，譚力、魏世豪，安全與環境工程，2017 年第 1 期。
4899. 遼祖陵太祖紀功碑及碑樓遺址保護，永昕群，建築學報，2016 年第 8 期。
4900. 淺析獨樂寺觀音閣的日常監測工作，趙智慧、高樹影、盧蓬蓬，中國民族博覽，2018 年第 4 期。

4901. 大同華嚴寺古建築的保護與利用，龐爾亮，文物鑒定與鑒賞，2018 年第 13 期。

4902. 大同華嚴寺小環境變化對文物本體病害影響初探，白雪松，山西大同大學學報（自然科學版），2019 年第 1 期。

4903. 奉國寺殿宇驅趕蝙蝠方法紀實，劉儉，遼寧省博物館館刊（2017），遼海出版社，2018 年。

4904. 天寧寺塔的保護，朱祖希、袁家方，北京觀察，2016 年第 3 期。

4905. 淺談玉煌塔及其搶險加固工程概況，林穎，科學大眾（科學教育），2016 年第 3 期。

4906. 木塔修繕方案為何「難產」近 30 年，賈夢宇，河北日報，2020 年 10 月 20 日第 7 版。

4907. 應縣木塔搖搖欲墜 文物修繕別拖拖拉拉，柯錦雄，中國青年報，2020 年 10 月 21 日第 2 版。

4908. 應縣木塔安全監測及數據分析方法研究，蘇超威，北京建築大學碩士學位論文，2017 年。

4909. 應縣木塔傾斜及扭轉分析，薛建陽、浩飛虎，西安建築科技大學學報（自然科學版），2019 年第 2 期。

4910. 應縣木塔結構變形現狀及分析，薛建陽、張雨森，建築科學與工程學報，2019 年第 1 期。

4911. 列車激勵下基於動力特性分析的遼代古塔振動規律研究，夏倩、趙瑾、王德法、李懿卿，建築結構，2019 年第 14 期。

4912. 不同列車激勵下遼代古塔振動響應研究與評估，夏倩、毛寧、王德法、高衡、趙瑾，噪聲與振動控制，2020 年第 5 期。

4913. 赤峰市博物館所藏壁畫的保護修復，武曉怡，草原文物，2018 年第 1 期。

4914. 遼寧奉國寺建築壁畫可溶鹽調查與分析，魏瑞、劉成，文物鑒定與鑒賞，2018 年第 13 期。

4915. Photoshop 虛擬修復在奉國寺壁畫保護中的應用，樊丹丹、劉成、容波、王飛、孫劍、雷君，文物保護與考古科學，2020 年第 6 期。

4916. 壁畫保護技術在大同遼代壁畫墓整體搬遷中的應用，侯曉剛，文物世界，2018 年第 6 期。

4917. 大同市博物館館藏金代壁畫表層膠料過度聚集的去除研究，裴繼芬，文物鑒定與鑒賞，2016 年第 9 期。

4918. 甘泉金代畫像磚墓現場保護與整體搬遷，嚴靜、王嘯嘯、趙西晨、黃曉娟、劉呆運，文物保護與考古科學，2019 年第 3 期。

4919. 志丹博物館金代壁畫墓保護修復方案，陝西省文物保護研究院，陝西文物年鑒（2018），陝西人民出版社，2019 年。

4920. 遼金時期佛教麻織品彩畫顯現加固研究，李佳潔，陝西師範大學碩士學位論文，2018 年。

4921. 現代科技與傳統技藝結合的金屬文物保護修復研究——以故宮博物院藏遼代金屬面具為例，曲亮、高飛、劉建宇、何林、雷勇、稅午陽，博物院，2018 年第 2 期。

4922. 遼代鎏金銀馬鞍的修復，潘煉，文物修復與研究（2015～2016），中國文聯出版社，2016 年。

4923. 遼墓出土銅絲網衣修復與復原報告，惠學軍，遼寧省博物館館刊（2017），遼海出版社，2018 年。

4924. 一件遼代鎏金銀冠的科學保護修復，柏藝萌、郭松雪，遼寧省博物館館刊（2017），遼海出版社，2018 年。

4925. 建平縣博物館藏遼代鎏金銅冠的保護與修復，王賀、劉亞彬、趙代盈，遼寧省博物館館刊（2019），遼海出版社，2019 年。

4926. 鎏金鏨花鏤空銅冠的保護修復，王景勇，文物鑒定與鑒賞，2019 年第 8 期。

4927. 遼墓出土銅絲網衣的修復與復原，惠學軍，中國文物報，2017 年 3 月 17 日第 7 版。

4928. 淺談遼金時期出土陶器的考古修復，于麗群、張麗晶，文物修復與研究（2015～2016），中國文聯出版社，2016 年。

4929. 蕭氏貴妃墓および陳國公主墓から出土した遼代ガラス器の化學組成分析，村串まどか、新井沙季、中井泉、牟田口章人、蓋志勇、陳永志，*Glass : Journal of the Association for Glass Art Studies*, Japan（62）2018-03.

4930. 內蒙古博物院所蔵 遼代簫氏貴妃墓出土のガラス器の修復，大原秀行，文化財情報學研究：吉備國際大學文化財総合研究センター紀要（16），2019 年 3 月。

參考文獻

1. 周峰編：《21 世紀遼金史論著目錄（2001～2010 年）》（上下），花木蘭文化出版社，2016 年。
2. 周峰編：《21 世紀遼金史論著目錄（2011～2015 年）》，花木蘭文化出版社，2017 年。